Vorwort

Der Roman *Jakob der Lügner* hat Jurek Becker, der bis dahin als Drehbuchschreiber für die DEFA tätig war, schlagartig bekannt gemacht. Sein Roman war (und ist) ein großer Erfolg beim Lesepublikum und wurde auch von der Literaturkritik insgesamt positiv aufgenommen. Dieser Erfolg war nicht unbedingt selbstverständlich und war nicht vorauszusehen, denn es ist nicht die Regel, dass sich ein Schriftsteller mit seinem Debütroman so erfolgreich als Autor etablieren und dass ein Literaturkritiker, nämlich Volker Hage, über einen solches Erstlingswerk urteilen kann: „Längst zählt *Jakob der Lügner* zum Kanon der deutschen Literatur, ja der Weltliteratur."[1] Dieser Erfolg war aber auch aus einem zweiten Grund nicht selbstverständlich: Becker greift mit seinem Roman, der im Ghetto von Lodz spielt, die Thematik des Holocaust auf – und er tut das in einer Art und Weise, die das schwierige Sujet jenseits von Gesinnungsästhetik, Larmoyanz, Betroffenheitsduselei oder spröder Düsterkeit behandelt, sondern sich ihm eher mit leisem Humor und nicht unironisch nähert, ohne dabei das Grauen vergessen zu machen. Marcel Reich-Ranicki, der eine Lebensphase im Ghetto von Warschau verbracht hat, meint in diesem Zusammenhang, dass Beckers Roman „(…) beweist, dass man auch vom Grauenvollsten leicht und unterhaltsam erzählen kann."[2]

Dieses Grauen ist für uns Nachgeborene, die wir Beckers Roman heute mit einer großen historischen Distanz rezipieren, nicht sofort herauszulesen, da es oft nur angedeutet wird. Eine intensive Beschäftigung mit dem Roman verlangt gerade deshalb auch nach einer Auseinandersetzung mit der Zeit, in

---

[1] Volker Hage, zitiert nach Heidelberger-Leonard, (Materialien), S. 128
[2] Marcel Reich-Ranicki, ebenda , S. 136

der die Geschichte von Jakob spielt, denn sie ist nicht im historischen Niemandsland angesiedelt. Dabei geht es nicht um eine museale Betrachtungsweise längst vergangener Vorgänge, sondern um die Bedeutung, die diese auch für die Gegenwart noch haben (können). Diese intensive Auseinandersetzung kann die vorliegende Interpretationshilfe allerdings nicht leisten. Sie beschränkt sich auf den Roman selbst, auf seine erzählerischen Gestaltungsmittel, und will Hilfe bei einer ersten Annäherung sein.

Als Arbeitsgrundlage dient die Ausgabe der Suhrkamp BasisBibliothek.³ Dieser Band enthält neben dem Roman, der zudem in den Randspalten mit Wort- und Sacherklärungen versehen ist, zwei programmatische Essays von Jurek Becker (nämlich *Mein Judentum* aus dem Jahre 1977 und *Die unsichtbare Stadt* aus dem Jahre 1989) sowie einen Kommentar zum Roman, einen knappen Überblick über die Rezeptionsgeschichte, zusätzliche Wort- und Sacherklärungen und einen Überblick über Leben und Werk von Jurek Becker.

---

3 Jurek Becker, *Jakob der Lügner*, Originalausgabe, Text und Kommentar, Suhrkamp BasisBibliothek Bnd. 15, Suhrkamp Verlag, Frankfurt am Main 2000. Zitate aus dem Roman werden mit der in Klammern eingefügten Seitenangabe hinter dem Zitat versehen, Zitate aus dem Kommentar und den Materialien mit der Sigle J und der Seitenangabe.

1. Jurek Becker: Leben und Werk[4]

1.1 Biografie

Jahr	Ort	Ereignis	Alter
1937	Lodz (Polen)	Geburt. Das genaue Datum ist unbekannt. Der Vater hat im Ghetto den Sohn älter gemacht und später als Geburtsdatum den 30. 9. 1937 angegeben.	
1939	Lodz	Gemeinsam mit den Eltern Bewohner des Ghettos von Lodz.	2
1939		Ab 1939 Aufenthalt in verschiedenen Konzentrationslagern (u.a. Ravensbrück und Sachsenhausen). Tod der Mutter. Jurek Becker und sein Vater verlieren sich aus den Augen. Nach dem Krieg finden sich Vater und Sohn mit Hilfe einer amerikanischen Suchorganisation.	
1945			8
	Berlin	Vater Becker und Sohn Jurek leben in **Ost-Berlin**. Jurek erlernt die deutsche Sprache.	
1955		Abitur	18

---

4   Vergl. Wiese, S. 116 f. und Lüdke-Haertel/Lüdke in KLG, S. 1

Jahr	Ort	Ereignis	Alter
1955/56		Dienst in der Volksarmee der DDR.	
1957	Berlin	Mitglied der SED. Studium der Philosophie an der Humboldt-Universität Berlin.	20
1960	Berlin	Relegation vom Studium aus politischen Gründen. Studium für Film-Szenarien in Babelsberg. Verfassen von Kabarett-Texten.	23
1965		*JAKOB DER LÜGNER* (Drehbuch-Fassung für die DEFA; das Drehbuch wird jedoch abgelehnt).	28
1969		Anstellung als Drehbuchautor bei der DEFA. *JAKOB DER LÜGNER* (Romanfassung).	32
1971		Becker erhält für *JAKOB DER LÜGNER* den Heinrich-Mann-Preis der DDR und den Charles Veillon-Preis der Schweiz.	34
1972		Becker wird Mitglied des PEN (DDR). Tod des Vaters.	35

Jahr	Ort	Ereignis	Alter
1973		*Irreführung der Behörden* (Roman) Wahl in den Vorstand des Schriftstellerverbandes der DDR.	36
1974		**JAKOB DER LÜGNER** (Film); Literaturpreis der Stadt Bremen.	37
1975		Nationalpreis der DDR.	38
1976		J. Becker protestiert gemeinsam mit anderen Schriftstellern (u.a. C. Wolf) gegen die Ausbürgerung von Wolf Biermann und wird aus der SED ausgeschlossen. *Der Boxer* (Roman).	39
1977	West-Berlin	Austritt aus dem Schriftstellerverband der DDR. Becker lebt in West-Berlin.	40
1978	USA	*Writer in Residence* am Oberlin College in Ohio (USA). *Schlaflose Tage* (Roman).	41
1980	Berlin	*Nach der ersten Zukunft* (Erzählungen).	43
1982		*Aller Welt Freund* (Roman).	45

Jahr	Ort	Ereignis	Alter
1983	Darmstadt	Wahl in die Akademie für Sprache und Sprache und Dichtung.	46
1986		*Bronsteins Kinder* (Roman) und erstes Drehbuch für die Serie *Liebling Kreuzberg*.	49
1986		Becker erhält für die Drehbücher zur Serie *Liebling Kreuzberg* den Adolf-Grimme-Preis in Gold.	50
1988		Deutscher Fernsehpreis (Telestar).	51
1989	Frankfurt a. M.	Gastdozent an der Goethe-Universität in Frankfurt am Main.	52
1990		Bayerischer Fernsehpreis.	53
1991		Deutscher Filmpreis/Filmband in Gold.	54
1992		*Amanda Herzlos* (Roman).	55
1996		Weitere Drehbücher für *Liebling Kreuzberg*.	59
1997	Berlin	Tod am 14. 3. in Berlin.	60

1.2 Zeitgeschichtlicher Hintergrund

Jurek Beckers Roman *Jakob der Lügner* erscheint in einer geschichtlichen Phase, die durch Zuspitzungen und Konflikte in beiden Teilen Deutschlands und den jeweiligen politischen und ideologischen Systemen gekennzeichnet ist. In der Bundesrepublik war die Phase des Wiederaufbaus abgeschlossen und die ökonomische Entwicklung war durch Stabilität bestimmt. Aber aus der jüngeren Generation, besonders aus der studentischen Jugend, wurde immer häufiger der Ruf nach politischen Reformen, zunächst im Bereich von Schule und Hochschule, dann in der Gesellschaft überhaupt, laut. Diese Forderungen nach politischen Reformen, die die Verkrustungen der Restauration in der Adenauer-Ära auflockern sollten, gingen einher mit dem Kampf gegen die Verabschiedung der „Notstandsgesetze" sowie immer lauter werdenden Fragen nach der nationalsozialistischen Vergangenheit der Väter-Generation und Forderungen nach bewusster Aufarbeitung der NS-Zeit. Im Zuge der zunehmenden Verstrickung der USA in den Krieg in Vietnam verstärkten sich die Proteste gegen die Hauptmacht des westlichen Bündnisses und den von ihr geführten Krieg in Asien. Getragen wurden diese Proteste und die Forderungen nach politischen Veränderungen von der APO, der Außerparlamentarischen Opposition, die eine Reaktion auf die Bildung der Großen Koalition von CDU und SPD im Bundestag war, so dass es dort keine nennenswerten Oppositionskräfte mehr gab.

Durch den Ruf nach politischen Reformen war in dieser Phase auch die Entwicklung in den Staaten des sogenannten Ostblocks bestimmt. Reformsozialistische Kräfte forderten einerseits eine größere Unabhängigkeit ihrer Staaten von der sozia-

> Veränderungen des politischen Klimas in der BRD

listischen Führungsmacht, der UdSSR, andererseits wurden demokratische Reformen innerhalb der einzelnen Staaten selbst angestrebt, die u.a. eine Abkehr von der Lenkung von

Reformbestrebungen in den sozialistischen Staaten

Staat, Gesellschaft und Wirtschaft durch die Parteibürokratie vorsahen. Ihren bedeutendsten Ausdruck fanden

diese Reformbemühungen im sozialistischen Lager im soge-nannten „Prager Frühling". Alexander Dubcek, 1968 zum Par-teisekretär der tschechoslowakischen Sozialisten und damit in die politisch wichtigste Funktion gewählt, trat energisch für Reformen ein. Diese Reformkräfte sahen sich den Kräften der Beharrung gegenüber, an deren Spitze die Führung der KPdSU stand, deren damaliger Generalsekretär Leonid Breschnew die nach ihm benannte „Breschnewdoktrin" verkündete. Sie be-sagte, dass die Staaten der sozialistischen Gemeinschaft das Recht auf Intervention hätten, wenn der Sozialismus in einem Staat der Gemeinschaft gefährdet sei. Auf der Grundlage die-ser Doktrin marschierten am 20. und 21. August 1968 Trup-pen des Warschauer Paktes, darunter auch Einheiten der Na-tionalen Volksarmee der DDR, in die Tschechoslowakei ein und bereiteten dem „Prager Frühling" gewaltsam ein Ende. Die Reformkräfte um Dubcek wurden durch treue Anhänger des Breschnew-Kurses ersetzt, der Widerstand der Bevölke-rung wurde durch die Präsenz der Panzer und Soldaten er-stickt. Das politische Klima in den Staaten des Ostblocks (und somit auch der DDR) verschärfte sich wieder.

Über die Bedeutung des Einmarsches der Truppen des War-schauer Paktes in die Tschechoslowakei für seine politische Entwicklung hat Jurek Becker gesagt:

Das Ende des „Prager Frühlings" und die Bedeutung für J. Becker

„Irgendwann tauchte bei mir dann der Verdacht auf, dass die Möglichkeit, in der Parteiversammlung über alles zu

streiten, als eine Art Ventil erfunden worden ist (…) ohne Wirkung. Ganz deutlich wurde mir das nach dem Einmarsch der Warschauer-Pakt-Truppen in die Tschechoslowakei. Da war im Schriftstellerverband viel los – aber nichts davon drang nach außen, auch nicht das geringste. Es war also immer noch eine Art von Loyalität da, die mir plötzlich überholt zu sein schien. Und kurze Zeit später – dieser Einmarsch 1968 war eine Art Zäsur in meinem Verhältnis zur DDR – habe ich mich dann nicht getraut, aber genötigt gefühlt, Äußerungen öffentlich zu machen, die ich vorher nur unter Freunden gemacht habe."[5]

Jurek Beckers Roman *Jakob der Lügner* erschien in der DDR also zu einer Zeit, in der der Autor, noch Mitglied der SED und sich selbst als Sozialist verstehend, dem System der DDR mit wachsenden Zweifeln gegenüberstand und gleichzeitig die Literatur immer mehr zum Schauplatz von Kritik an Partei, Staat und Gesellschaft wurde. Jurek Becker hat sich zur Funktion der Literatur in der DDR einmal so geäußert:

„Literatur in der DDR hatte in der Vergangenheit bei vielen Leuten einen

Literatur als Medium der Kritik

erheblich höheren Stellenwert als hier (gemeint ist die Bundesrepublik, B.M.). Nach meiner Überzeugung aber nicht deswegen, weil diese Menschen literaturinteressierter waren als hier, sondern weil Literatur in der DDR eine Art Ersatzfunktion übernommen hatte. In der Literatur war es zu großen Teilen zumindest noch möglich, eine Art von Meinungsverschiedenheit auszutragen, die in den Medien der DDR undenkbar war. (…) Nach meiner Überzeugung ist der wichtigste Antrieb zum Schreiben von Literatur Unzufriedenheit, eine Art von Nichteinverständnis. Das war wohl in der DDR nicht anders als in aller Welt. Im Unterschied zur Bundesrepublik war es in der

---

5   H. L. Arnold im Gespräch mit Jurek Becker zitiert nach Arnold, S. 9

> *DDR aber kaum möglich, auf andere Weise als in den Büchern ein Nichteinverständnis auszudrücken."*[6]

Jurek Beckers persönliche Entwicklung, sein Nichteinverständnis mit dem Einmarsch der Truppen des Warschauer Paktes in die Tschechoslowakei, widerspiegelt die Entwicklung etlicher Schriftsteller und Schriftstellerinnen der DDR, die – mehr oder weniger deutlich – öffentlich, vor allem aber in ihren literarischen Werken, Kritik an der gesellschaftlichen Entwicklung der DDR übten, dabei oft, wie auch Jurek Becker, durchaus von einem Standpunkt des Sozialismus aus und als Parteimitglieder der SED (als weitere Autoren sind etwa Georg Heym, Christa Wolf und Heiner Müller zu nennen). Literarisch fand diese Distanz zu den offiziellen Staatsdoktrinen ihren Ausdruck darin, dass Autoren wie Becker und

Entwicklungstendenzen der Literatur

andere ihre Werke nicht in das Korsett des „sozialistischen Realismus" pressen ließen, sondern sich vielmehr aus einer dogmatisierten Fehlentwicklung zu lösen versuchten. Die „Helden" dieser Literatur passten nicht in die holzschnittartige Typologie überzeugter Kommunisten oder heroischer Antifaschisten, die den Aufbau des Sozialismus voran trieben; die Erzählstrategien wurden variabler und folgten nicht mehr den Mustern mechanisch-klischeehafter Abbildung einer geschönten Wirklichkeit des DDR-Alltags.

Auch Beckers „Jakob", der so unheroische Held des Romans *Jakob der Lügner*, entspricht nicht den dogmatisierten Helden des „sozialistischen Realismus", gleichwohl (oder gerade deshalb) wurde der Roman in der DDR zum großen Erfolg, der seinem Autor 1971 den Heinrich-Mann-Preis einbrachte, dem 1975 der Nationalpreis der DDR folgte. Dies änderte aber nichts an der kritischen Haltung Jurek Beckers gegenüber der

---

6   ebd., S.8

DDR und an den wachsenden Zweifeln gegenüber dem politischen System. Über seine Haltung zur gesellschaftlichen Entwicklung der DDR und die Bedeutung des Erfolges von *Jakob der Lügner*, der Becker „relativ schnell zu einem bekannten Schriftsteller machte",[7] sagte Becker:

> „Ich erwähne das deshalb (gemeint ist seine rasche Bekanntheit, B.M.),
>
> **Beckers Bruch mit der DDR**
>
> weil ein ziemlich bekannter Schriftsteller ein ziemlich geschützter Schriftsteller ist: Der hat es leichter, die Klappe aufzureißen. Die nächsten acht Jahre bis zu meinem Rausschmiss aus der Partei waren dann eigentlich eine Zeit ständiger Nerverei und Zeterei. Im Zusammenhang mit der Biermann-Ausbürgerung wurde ich ausgeschlossen. (...) Ich will nicht sagen, dass die DDR danach aufgehört hätte, mich zu interessieren. Aber meine Verbundenheit war zu Ende. Ich hätte es für absurd gehalten, da noch Loyalität zu zeigen – Loyalität mit wem? Loyalität ist ja keine angeborene Verhaltensweise. Sie kann nur jemandem gegenüber geübt werden, dem man sich verpflichtet fühlt oder dessen Grundanliegen man akzeptiert."[8]

lehrhaft
– Kunstrichtung in Ostblockstaaten
wurde polit.-ideologischen
zielen untergeordnet

---

7 Jurek Becker im Gespräch mit Frauke Meyer-Gosau, zitiert nach Heidelberger-Leonard, (Materialien), S. 112
8 ebd., S. 112 f.

1.3 Angaben und Erläuterungen zu wesentlichen Werken

Jakob der Lügner ist der erste jener drei Romane aus dem Gesamtwerk Jurek Beckers, für die Irene Heidelberger-Leonard den Begriff „Schreiben im Schatten der Shoa"[9] geprägt hat, und dies in dem Wissen, dass Becker selbst eine solche Zuordnung eher ablehnen würde, u.a. deshalb, weil er mit den „Erfahrungen im Ghetto und in den Lagern keinerlei Erinnerungen verbindet."[10] In den drei Romanen *Jakob der Lügner* (1969), *Der Boxer* (1976) und *Bronsteins Kinder* (1986) geht es, in unterschiedlich scharfer Ausprägung, um die Judenvernichtung während der Zeit der nationalsozialistischen Diktatur und Strategien des Überlebens sowie um die Identität derjenigen, die überlebt haben, und um die Auswirkungen der einstigen Verfolgung bei den Überlebenden bis in die Gegenwart. Zugleich spiegeln alle drei Romane auch die Auseinandersetzung Beckers mit der eigenen Biografie, deren erste Jahre durch das Leben im Ghetto von Lodz, in den Konzentrationslagern Ravensbrück und Sachsenhausen und durch den Verlust seiner Familie gekennzeichnet waren:

> „Als der Krieg zu Ende war, hatte sich meine Familie, eine ehedem fast unübersehbare Personenschar, wie ich höre, auf drei Überlebende reduziert: auf meinen Vater, auf eine Tante, an die ich mich nicht erinnern kann, denn ihr gelang unmittelbar nach dem deutschen Einmarsch in Polen die Flucht, vielleicht nach Amerika, und auf mich.

„Schreiben im Schatten der Shoa"

Becker und seine Biografie

---

9 Irene Heidelberger-Leonard, zitiert nach Arnold, S. 19
10 ebd.

Mein Vater, der sich bei Kriegsende in einem anderen KZ als ich aufhielt, suchte und fand mich mit Hilfe einer amerikanischen Hilfsorganisation. Im Grunde existieren für mich erst seit dieser Zeit deutliche und abrufbare Erinnerungen. Immerhin war ich da schon sieben Jahre alt, fast acht. "[11]

Jurek Becker erklärt den späten Beginn seiner Erinnerungen mit drei Faktoren: einerseits sieht er darin eine Art Schutzmechanismus, eine Form von Verdrängung, um sich vor den schlimmsten Zeiten zu bewahren. Zugleich vermutet er, dass die Tage im Ghetto speziell für die Kinder von einem alltäglichen Einerlei bestimmt worden seien, weil sie nicht im Bewusstsein der Gefahr, die sie umgab, gelebt hätten. Und drittens, so lautet seine Überlegung, könne man die Existenz, die er damals geführt habe, kaum Leben nennen, weil alle Tätigkeiten vom Nutzen für das Überleben bestimmt waren, so dass er es damals, als Kind, kaum für wert hielt, es in Erinnerung zu behalten.[12]

Vergessene und erinnerte Kindheit

Gegen diese fehlenden Erinnerungen aus den Tagen der Kindheit schreibt der erwachsen gewordene Jurek Becker an. In ganz eindringlicher Weise hat er diese Erinnerungsarbeit in einem Aufsatz beschrieben, den er angesichts einer Ausstellung mit Fotos aus dem Ghetto von Lodz verfasst hat:

„Ohne Erinnerung an die Kindheit zu sein, das ist, als wärst du verurteilt, ständig eine Kiste mit dir herumzuschleppen, deren Inhalt du nicht kennst. Und je älter du wirst, um so schwerer kommt sie dir vor, und um so ungeduldiger wirst du, das Ding endlich zu öffnen. Jetzt ist der Fußboden meines Zimmers übersät mit den Fotos dieser Ausstellung. Wenn ich Erinnerungen hätte,

Spurensuche

11 Jurek Becker, *Mein Judentum*, zitiert nach J, S. 291
12 vergl. ebd., S. 292 f.

müssten sie dort zu Hause sein, in jenen Straßen, hinter jenen Mauern, unter diesen Leuten. [...]
Ich starre auf die Bilder und suche mir die Augen wund nach dem alles entscheidenden Stück meines Lebens. Aber nur die verlöschenden Leben der anderen sind zu erkennen, wozu soll ich von Empörung oder Mitleid reden, ich möchte zu ihnen hinabsteigen und finde den Weg nicht."[13]

Betrachtet man den Roman *Jakob der Lügner* im Kontext der Biografie Jurek Beckers, so kann er als eine erste Annäherung an die Kindheit gelten, rekonstruiert er doch ein mögliches Leben im Ghetto von Lodz. *Der Boxer* könnte dann als Fortsetzung von Jakobs Geschichte gesehen werden, hätte Jakob überlebt, und *Bronsteins Kinder* schlösse den Zyklus ab wie eine mögliche Fortsetzung der Geschichte vom „Boxer", hätte dieser überlebt.[14]

Der Boxer

Blickt Jurek Becker mit dem Roman *Jakob der Lügner* in die Nazi-Zeit zurück, so ist *Der Boxer* in der Nachkriegszeit angesiedelt.
Der ehemalige KZ-Häftling Aron Blank, 45 Jahre alt, versucht nach dem Krieg wieder ein „normales Leben" zu führen. Bei der Ausstellung neuer Personalpapiere ändert er seinen Vornamen in Arno um und datiert sein Geburtsdatum um jene sechs Jahre vor, die er als Häftling in Lagern verbracht hat. Arons Frau wurde im KZ ermordet, seine Kinder sind verschollen. Mit Hilfe einer Suchorganisation gelingt es ihm, einen Jungen ausfindig zu machen, der sein Sohn Mark sein könnte, wobei endgültige Gewissheit nicht zu erlangen ist. Die Existenz des Kindes, das in einem Heim untergebracht ist, motiviert Aron dazu, sich seiner sozialen Umwelt zu öffnen, doch scheitern alle seine Bemühungen. Die Beziehung zu Pau-

---

13 Jurek Becker, *Die unsichtbare Stadt*, zitiert nach J, S. 303 ff.
14 vergl. Heidelberger-Leonard, in Arnold, S. 22

la, einer Mitarbeiterin der Suchorganisation, scheitert. Kenik, ein ehemaliger KZ-Häftling, zu dem Arno Kontakt aufnimmt, wandert nach Palästina aus, Ostwald, ein zweiter Ex-Häftling, bringt sich um. Als Aron Mark endlich aus dem Pflegeheim zu sich holen kann, nimmt er Irma, eine Krankenschwester, zu der Mark eine enge Beziehung aufgebaut hat, bei sich auf, doch die „Familie" zerbricht an Arons Beziehungsunfähigkeit und Lebensmüdigkeit, die sich in einer wachsenden Alkoholsucht ausdrückt. Irma verlässt Aron ebenso wie Mark, der nach Palästina auswandert und bis zum Juni-Krieg seinem Vater monatlich schreibt. Als die Briefe ausbleiben, nimmt Aron an, dass sein Sohn im Krieg gefallen ist. Vermittelt wird die Geschichte von einem jungen Mann, der Aron über zwei Jahre lang immer wieder interviewt hat, wobei Diskussionen, Kommentare und Berichte ineinander verwoben sind, so dass offen beibt, welche Teile der geschilderten Lebensgeschichte Arons der Realität entsprechen.

In *Bronsteins Kinder*, zehn Jahre nach *Der Boxer* erschienen, wartet Hans

Bronsteins Kinder

Bronstein, Sohn des ehemaligen KZ-Häftlings Arno Bronstein, auf die Zulassung zum Studium. Nach der Zeit der NS-Diktatur geboren und im Nachkriegsdeutschland aufgewachsen, sieht sich Hans mit dem Schicksal seines Vaters nicht verbunden. Hans lebt noch bei der Familie seiner Freundin Marthe, die ihn nach dem Tode seines Vaters aufgenommen hat. Die Beziehung zu Marthe ist allerdings beendet. Hans erinnert sich an Ereignisse aus dem Jahre 1973. Damals hatte er, gegen das Verbot seines Vaters, manchen Nachmittag mit Marthe in dem abgelegenen Ferienhaus seines Vaters verbracht. Als er eines Tages am Ferienhaus eintrifft, entdeckt er seinen Vater, der gemeinsam mit Freunden einen fremden Mann gefesselt hat und ihn einem Verhör unterzieht. Bei dem Fremden handelt es sich um einen ehemaligen KZ-Aufseher, der sich in einer Gaststätte durch unbedachte Äußerungen verraten hat und an dem die ehemaligen Häftlinge nun Rache nehmen wollen, obwohl sie ihm vorher nie begegnet sind. Da Hans sich nicht als Opfer des Faschismus sieht und die Handlungsweise seines Vaters als Selbstjustiz kritisiert, kommt es zu heftigen Diskussionen. Hans' Versuch, aus der Familiengeschichte auszusteigen, erweist sich in diesem Zusammenhang als komplizierter, als Hans zunächst vermuten konnte. Die Eltern hatten 1938 ihre damalige Tochter bei einem Bauern versteckt. Der Preis für das Versteck war so hoch, dass für sie selbst kein Geld mehr übrig blieb, um ein Versteck zu bezahlen. Nach dem Krieg, den Lagern entronnen, bekommen sie ihr Kind zurück, doch die Tochter ist so aggressiv, dass sie in einem Heim untergebracht werden muss. Dies führt zu der Entscheidung der Eltern für ein zweites Kind, so dass Hans' Existenz unmittelbar mit dem Schicksal der Eltern und der Schwester während der NS-Diktatur verknüpft ist. Hans' Vater interpretiert dessen Versuche, seine Biografie aus der Geschichte der Familie und der Geschichte der Verfolgung zu lösen, als Gleichgültigkeit gegenüber den Opfern.

Hans plant, den Gefangenen zu befreien. Als er erneut zum Haus kommt, findet er den Gefangenen ans Bett gefesselt, aber lebend – Hans' Vater jedoch ist tot.

Der ehemalige KZ-Aufseher fristet sein Dasein, unbehelligt von der Justiz, in Westdeutschland, Hans wird durch die Konfrontation mit seiner Schwester in seiner Haltung gegenüber der Vergangenheit verändert.

Der Versuch der Figur Hans Bronstein, sich eine Existenz jenseits der Schatten der Vergangenheit aufzubauen, scheitert. Die Geschichte ist für ihn nicht abgeschlossen, wie sie auch für den Autor Jurek Becker nach dem Roman *Jakob der Lügner* nicht abgeschlossen war. In einem Interview aus dem Jahre 1988 antwortete Jurek Becker auf die Frage, ob er über eine zweite „Bronstein-Generation" schreiben wolle oder ob er mit dem Thema fertig sei:

> „Darauf gibt es zwei Antworten; die eine ist: Ich bin überzeugt davon, dass ich mit diesem Thema fertig bin. Ich meine nicht biografisch, ich meine als einer, der sich Sätze und Halbsätze und Wörter zusammensuchen muss. Ich habe mich überall umgesehen, ich finde keine mehr.
>
> Die zweite Antwort: Dieser Überzeugung war ich schon, nachdem ich **Jakob der Lügner** geschrieben hatte. Damals dachte ich: Nie wieder widmest du dich dieser Thematik, jetzt wendest du dich dem richtigen Leben zu. Dann habe ich wieder ein Buch darüber geschrieben und war wieder dieser Überzeugung. Dann habe ich Erzählungen geschrieben und war wieder dieser Überzeugung. Jetzt habe ich wieder einen Roman dazu geschrieben und bin wieder der Überzeugung. Also: Ich glaube, die Sache liegt hinter mir, aber es ist eine unzuverlässige Auskunft."[15]

Becker über das Thema der drei Romane

---

15 Jurek Becker im Gespräch mit Marianna Birnbaum, zitiert nach Heidelberger-Leonard, (Materialien), S. 107. Das erste von Becker erwähnte Buch ist *Der Boxer*, der weitere Roman ist *Bronsteins Kinder*.

Schreiben im Schatten der Shoa: drei Romane Jurek Beckers

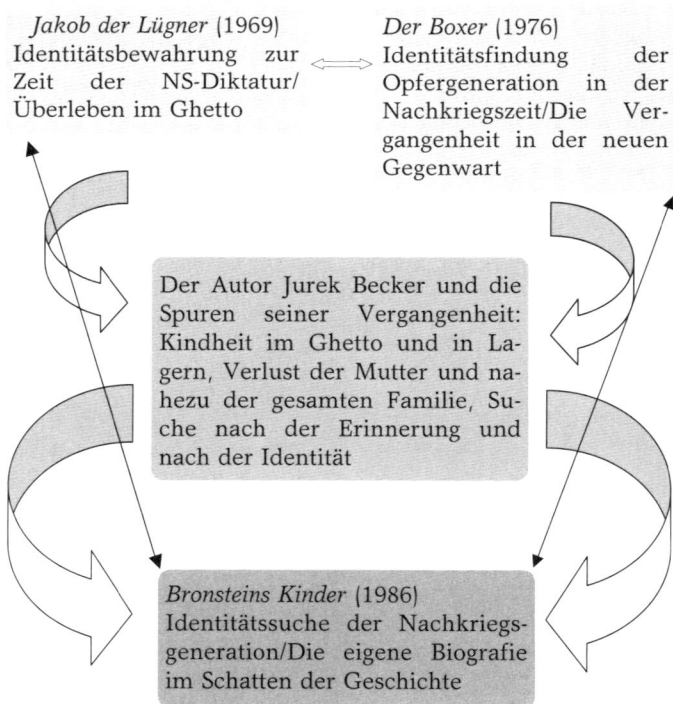

Jakob der Lügner (1969)
Identitätsbewahrung zur Zeit der NS-Diktatur/ Überleben im Ghetto

Der Boxer (1976)
Identitätsfindung der Opfergeneration in der Nachkriegszeit/Die Vergangenheit in der neuen Gegenwart

Der Autor Jurek Becker und die Spuren seiner Vergangenheit: Kindheit im Ghetto und in Lagern, Verlust der Mutter und nahezu der gesamten Familie, Suche nach der Erinnerung und nach der Identität

Bronsteins Kinder (1986)
Identitätssuche der Nachkriegsgeneration/Die eigene Biografie im Schatten der Geschichte

2. Textanalyse und -interpretation

2.1 Entstehung und Quellen

Den Stoff für seinen Roman *Jakob der Lügner* hat Jurek Becker in der Geschichte gefunden. In der Geschichte

Geschichte als Quelle für den Stoff des Romans

der Verfolgung und Vernichtung der europäischen Juden durch den deutschen Faschismus überhaupt, in der Geschichte seiner Geburtsstadt Lodz, die vor dem Krieg rund 700 000 Einwohner hatte, in der Geschichte des Ghettos, das dort 1940 eingerichtet wurde und in dem 160 000 der vormals über 230 000 Juden der Stadt isoliert wurden. Und natürlich in der Geschichte seiner Familie. Im Alter von zwei Jahren kam Jurek Becker in das Ghetto, im Alter von fünf Jahren verließ er es und kam in die Konzentrationslager.

Den Kern seines Romans, das Motiv vom Radio-Erzähler im Ghetto, verdankt Jurek Becker seinem Vater. Im Gespräch mit Heinz Ludwig Arnold hat Becker Anlass und Entstehung seiner Romanidee ausführlich geschildert:

„Also es war für meinen Vater ein harter Schlag, dass ich Schriftsteller wurde. (...) Als er sich einmal damit abge-

Eine erlebte und erzählte Geschichte aus dem Ghetto

funden hatte, hat er eines Tages zu mir gesagt, er wolle mir, da ich nun mal Schriftsteller sei, eine Geschichte erzählen, die ich aufschreiben müsste. (...) Er habe im Ghetto Lodz einen Mann gekannt, der ein großer Held gewesen sei (...), und über diesen Helden solle ich schreiben, ihm sozusagen ein Denkmal setzen (...),und er erzählte mir, es habe dort einen Mann gegeben, der hatte ein Radio versteckt, was bei Todesstrafe verboten war. Er hat mit diesem Gerät Radio Moskau, Radio London gehört und

> hat gute Nachrichten bei den andren verbreitet, und somit quasi Hoffnung. Eines Tages ist das der Gestapo zu Ohren gekommen (...), und dieser Mann ist verhaftet und erschossen worden; und mein Vater sagte, dieser Mann war ein Held, über ihn solltest du schreiben. Ich fand auch, dass dieser Mann ein Held war, aber ich hatte keine Lust, über ihn zu schreiben; denn fast immer, wenn ich über diese Zeit gelesen habe, war von diesem Mann die Rede, über solche Menschen und über solche bewundernswerten Helden. Es schien mir unergiebig, noch einmal darüber zu schreiben. Ich habe die Geschichte wieder vergessen, bis mir ein Einfall kam, den man vielleicht einen künstlerischen nennen könnte, der jedenfalls zu meinem ersten Buch geführt hat. Und mir fiel dieselbe Geschichte ein, mit dem Unterschied, dass die anderen nur denken, dass der Mann ein Radio hat, der hatte in Wirklichkeit aber keines. "[16]

Becker erzählt hier nicht nur, wie er an seine Geschichte gekommen ist, sondern eben auch viel darüber, warum er seine Geschichte so und nicht anders angelegt hat. Wenn er davon spricht, dass er immer, wenn er von dieser Zeit gelesen habe, einen bestimmten Heldentypus gezeigt bekommen habe und dass ihm eine weitere Darstellung dieser Art unergiebig erschienen sei, dann grenzt er sich, ohne das beim Wort zu nennen, von der „antifaschistischen Literatur" ab, wie

Abgrenzung von der „Staats-Literatur"

sie die DDR-Offiziellen gerne gesehen haben (als Beispiel kann etwa Bruno Apitz' Roman *Nackt unter Wölfen* gelten). In deutlicheren Worten hat Jurek Becker diese Abgrenzung einmal so vorgenommen:

---

16 Zitiert nach Arnold, S. 5

> *„Ich habe schon sehr früh die im Staat DDR existierende Über-*
> *zeugung für unsinnig gehalten, dass man Ansichten, wenn sie*
> *nur oft genug wiederholt werden, irgendwann gefressen hat.*
> *Auf dieser Unterstellung beruht zum Beispiel der sozialistische*
> *Realismus.“*[17]

Zugleich verweist Becker durch den
Hinweis auf den Vater, von dem er

Die Tradition des Erzählens

über den Mann mit dem Radio erfahren hat, auf die Tradition
des Erzählens als einer Form der mündlichen Kommunikation, die nicht nur am Anfang des Romans steht, der eine münd-
liche Erzählsituation fingiert, sondern sich in den Geschichten
Jakobs, des Radio-Erzählers, durch den gesamten Roman zieht
und von der Erzählerfigur immer wieder thematisiert wird.
Zudem macht Becker aber auch noch deutlich, dass das Erzählen einer Geschichte für ihn nicht bedeutet, die Wirklichkeit
im Verhältnis 1:1 abzubilden, denn sein Jakob wird, abwei-
chend von dem historischen Vorbild im Ghetto von Lodz, dadurch zum Helden, dass er den Menschen Hoffnung gibt, obwohl (oder weil) er gar kein Radio hat. Die erzählerische
Fantasie, die Jakob der Lügner im Roman entwickelt, wird
uns somit durch den Autor selbst demonstriert.
Über die Beziehung zwischen der erzählten Geschichte, dem
Jakob-Roman, und seiner Biografie hat Becker einmal kurz
und knapp konstatiert:

> *„Überhaupt ist die ganze Geschichte erfunden. Trotzdem spielt*
> *der Stoff in meinem Leben – zum Beispiel durch das Schicksal*
> *meiner Verwandten – eine große Rolle.“*[18]

---

17 Zitiert nach Heidelberger-Leonard, (Materialien), S. 114
18 Becker im Interview mit Mathias Schreiber (1970), zitiert nach Heidelberger-Leonard, (Materiali-
en), S. 221

2.2   Inhaltsangabe

Vorbemerkung

Beckers Roman *Jakob der Lügner* weist keine Kapiteleinteilung auf, dennoch können größere und kleinere Erzähleinheiten voneinander unterschieden werden, zumal Leerzeilen bzw. Absatzbildungen in der Drucklegung solche Einheiten optisch andeuten. Zugleich ist festzuhalten, dass der Gang der Handlung immer wieder durch Einmischungen der Erzählerfigur unterbrochen wird. Der Erzähler ist erlebendes, erinnerndes, kommentierendes und reflektierendes Ich. Er wendet sich manchmal an den Leser, eine Kommunikationssituation suggerierend, aber auch an die Figuren, und er weiß manchmal weniger und manchmal mehr als die handelnden Figuren des Romans (mehr als die handelnden Figuren weiß er u.a. deshalb, weil er zu den Überlebenden gehört). Die Inhaltsangabe berücksichtigt diese besondere Rolle des Erzählers durch gesonderte Hinweise.

S. 9–12

Der Erzähler stellt eine Kommunikationssituation mit dem Rezipienten her und verdeutlicht, dass er eine Geschichte erzählt (*„Ich höre schon alle sagen…"*, S. 9; *„Ich habe schon tausendmal versucht, diese verfluchte Geschichte loszuwerden, immer vergebens."*, S. 11). Die Geschichte handelt von Menschen im Ghetto, besonders von einem mit Namen Jakob. Die Situation im Ghetto macht der Erzähler durch den Hinweis darauf deutlich, dass es im Ghetto keine Bäume geben durfte. An Bäume sind aber auch persönliche Erinnerungen des Erzählers geknüpft – mit seiner ersten Liebe lag er unter einem Baum, seine Frau ist unter einem Baum erschossen worden. Jakob, vom der er erzählen will, ist kein Mann wie ein Baum, sondern eher klein und ängstlich.

Stichwörter/wichtige Textstellen:
Der Erzähler baut eine Kommunikationssituation auf und führt den „Helden" ein, der so gar nichts „Heldisches" hat (er „*hat Angst wie wir alle*", S. 11). Zugleich wird die Baummetaphorik eingeführt (siehe hierzu aber 2.5).

S. 12–24

Jakob wird während eines Gangs durch das Ghetto von einem Wachtposten angehalten, weil er angeblich nach Beginn der Sperrstunde noch auf der Straße ist. Er wird auf das Revier geschickt, um sich dort seine Strafe abzuholen. Im Revier trifft er zunächst auf niemanden, hört aber aus einem Radio, dessen Besitz Juden im Ghetto ebenso verboten war wie der Besitz von Uhren, dass die Rote Armee im Vormarsch ist. Auf einer Uhr sieht er zudem, dass die Sperrstunde noch nicht begonnen hat, und merkt, dass der Wachposten sich also einen üblen Scherz mit ihm erlaubt hat. Der Wachhabende, auf den er dann doch noch trifft, erweist sich als gut gelaunt, lässt Jakob wieder gehen, obwohl bisher noch kein Jude das Revier lebendig verlassen hat. Deckung suchend, um nicht noch einmal dem Wachtposten in die Hände zu fallen, macht sich Jakob auf den Weg nach Hause.

Stichwörter/wichtige Textstellen:
Bestimmungen des Ghettos werden deutlich: Sperrstunde, Verbot von Uhren, Verbot von Radios. Das Leben im Ghetto ist durch Vorschriften bis ins Kleinste geregelt, zugleich aber

herrscht Willkür, denn gerade die Freundlichkeit des Wachhabenden macht deutlich, wie sehr die Juden dem Gutdünken ihrer Bewacher ausgesetzt sind, die nach Lust und Laune über Tod und Leben entscheiden.

„Laut Verordnung bist du eine Laus, eine Wanze (...)" (S. 23) In der nationalsozialistischen·„Rassentheorie" wurden die Juden als „minderwertig" eingestuft; in der Propaganda wurden sie oft Ungeziefer gleich gesetzt.

S. 24–26

Jakob kommt in sein Zimmer zurück, das er vormals mit Josef Piwowa und Nathan Rosenblatt geteilt hat, die beide schon tot sind. Jakob tut aber so, als lebten sie noch. Er erzählt ihnen von seiner Rettung und dem Herannahen der Roten Armee.

Stichwörter/wichtige Textstellen:
Das Gespräch mit den Toten hat für Jakob Entlastungsfunktion, er kann seine Freude zum Ausdruck bringen (*„Freut euch Brüder, werdet verrückt vor Freude ..."*, S. 26)

S. 26–28

Wie Jakob sich sein Erlebnis im Revier und die Freude über das im Radio Gehörte von der Seele redet, redet nun auch der Erzähler von seinen Erinnerungen (*„Wir wollen jetzt ein bisschen schwätzen."* S. 26). Er schlägt aber zugleich den Bogen in die Gegenwart, deutet die Schwierigkeiten an, mit der Vergangenheit fertig zu werden, spricht von seiner Geliebten, die Elvira heißt, nennt sein Alter (sechsundvierzig, 1921 ist er geboren) und weist darauf hin, dass die Stadt, in der er jetzt lebt, im Grünen liegt und viele Parks und Bäume hat, die ihn zu Erinnerungen einladen.

Stichwörter/wichtige Textstellen:
Das Erinnern und Erzählen als Thema des Erzählers; die Baummetaphorik wird durch den Hinweis auf die Stadt mit ihren Parks und Bäumen aufgegriffen.

S. 28–37

Jakob hat sich eigentlich vorgenommen, sein Wissen über den Vormarsch der Russen für sich zu behalten, denn niemand würde ihm glauben, dass er lebend das Revier wieder verlassen hat, es sei denn, er setzte sich dem Verdacht aus, ein Spitzel zu sein. Aber seine Vorsätze werden über den Haufen geworfen, als sein Freund Mischa, mit dem zusammen er auf dem Bahnhof Kisten schleppen muss, zu dem Entschluss kommt, Kartoffeln aus einem Waggon zu stehlen und sich davon durch Jakob zunächst nicht abbringen lassen will. Als Jakob Mischa mitteilt, die Russen stünden schon zwanzig Kilometer vor Bezinka, um ihm die lebensgefährliche Aktion im letzten Moment doch noch auszureden, glaubt Mischa ihm nicht. Da behauptet Jakob, er sei im Besitz eines Radios, aus dem er die Nachricht habe. Er verpflichtet den konsternierten Mischa zum Schweigen, wohl wissend, dass der Funken Hoffnung Mischa dazu treiben wird, doch vom Radio zu reden, so dass auch andere Bewohner des Ghettos davon bald Kenntnis haben werden.

Stichwörter/wichtige Textstellen:
Mit der ersten Lüge, die Jakob einsetzt, schützt er Mischas Leben, denn dieser verzichtet auf den geplanten Diebstahl, der sein Leben hätte kosten können. Zugleich wird deutlich, worin der Sinne der Lüge besteht: Es geht nicht darum, sich wichtig zu machen, sich aufzuspielen, sondern einem anderen

Menschen eine Perspektive, eine Hoffnung zu geben.("...*ganz plötzlich ist morgen auch noch ein Tag.*", S. 36) Die Brutalität der Wachsoldaten, die in ihrer Brutalität zugleich lächerlich wirken, macht der Erzähler durch den Vergleich des Mischa prügelnden Anführers der Wachmannschaft mit Polizistenfiguren in Stummfilmen deutlich.

S. 37–46

Ein halber Tag ist vergangen. Jakob hat sich vorgenommen, Mischa die Wahrheit zu sagen, doch in der Mittagspause stellt sich heraus, dass Kowalski, dem Jakob in Freundschaft verbunden ist und der sich neben Jakob setzt, schon von dem Radio gehört hat. Jakob muss erkennen, dass für Kowalski und andere die Lüge bereits zu einer Wahrheit geworden ist. Er bestätigt Kowalski die Information über die Russen und sieht zugleich ein, dass er kaum noch eine Chance hat, die Nicht-Existenz des Radios und die Ursache für seine Radio-Lüge zu erklären.

! • **Stichwörter/wichtige Textstellen**:
Mit dieser Episode wird Kowalski eingeführt, dem Jakob schon über viele Jahre in mit kleinen Streitereien durchmischter Freundschaft verbunden ist.

S. 46–47

Der Erzähler weist darauf hin, dass Jakob der Gewährsmann für das Erzählte ist, dass aber nicht alles, was er erzählt, von Jakob stammt. Der Erzähler betont, dass er teilweise mehr erzählt, als der nun tote Jakob hat erzählen oder wissen können. Zugleich charakterisiert er Jakob, von dem er als einem

Helden spricht, der aber immer seine Angst betont habe, wogegen er, der Erzähler, Jakobs Mut heraus stellen wolle. Die meisten Zeugen, so der Erzähler, seien tot, und bei allen Erinnerungen gebe es doch *„ein großes Loch, für das einfach keine Zeugen aufzutreiben sind. Ich sage mir, so und so muss es ungefähr gewesen sein, oder ich sage mir, es wäre am besten, wenn es so und so gewesen wäre …"* (S. 47)

Stichwörter/wichtige Textstellen:

Der Erzähler weist noch einmal darauf hin, dass er eine Geschichte erzählt, die ihm wiederum von Jakob erzählt worden ist. Zugleich unterstreicht er seine Erzählstrategie: *„Die Wahrscheinlichkeit ist für mich nicht ausschlaggebend, es ist unwahrscheinlich, dass ausgerechnet ich noch am Leben bin. Viel wichtiger ist, dass ich finde, so könnte oder sollte es sich zugetragen haben (…)."* (S. 47)

Der Erzähler betont die Authentizität des Erzählten, sagt aber zugleich, dass er *eine Geschichte* erzählt, Wirklichkeit also nicht nur (historisch-exakt bzw. mimetisch) abbildet, sondern Löcher in der Erinnerung mit Fantasie ausfüllt.

S. 47–58

Mit der Hoffnung über eine baldige Veränderung der Lage geht Mischa zu Rosas Eltern und bittet Herrn und Frau Frankfurter um die Hand ihrer Tochter. Rosas Vater hält eine Heirat für unsinnig. Um ihn zu überzeugen, erzählt Mischa von den vorrückenden Russen und von Jakobs Radio. Mischa und Rosa verlassen die Wohnung, um zu Mischa zu gehen.

! **Stichwörter/wichtige Textstellen**:
Einführung von Rosa und der Familie Frankfurter. In der Epi-
sode wird bereits deutlich, wie Jakobs Lüge in das
Bewusstsein der Menschen eingreift, so etwa, wenn es heißt:
„Es hat schon einen Sinn, von der Zukunft zu reden ..." (S. 55)

S.58–63

Als Herr und Frau Frankfurter alleine sind, geht Rosas Vater
mit seiner Frau in den Keller. Herr Frankfurter, der Jakob als
einen Trottel bezeichnet, weil er mit seinem Radio das Ghetto
gefährde, hat im Keller ein Radio versteckt, das er seit der
Einweisung ins Ghetto aber nicht einmal benutzt hat. Frankfurter zerstört das Radio.

! **Stichwörter/wichtige Textstellen**:
Die Episode spielt darauf an, dass im Ghetto Radios tatsächlich verboten waren. Zugleich wird deutlich, dass ein Teil der
Ghettobewohner in dem (angeblich vorhandenen) Radio auch
eine Gefährdung sieht.

S. 63–70

Mischa lebt mit Isaak Fajngold in einem Raum. Um Rosa dazu
zu bewegen, mit ihm zu schlafen, hat Mischa seine Hälfte des
Zimmers durch eine spanische Wand von der Fajngolds abge-
trennt. Zugleich hat er mit Fajngold die Verabredung getroffen, dieser solle sich taubstumm stellen, so dass Rosa nun
annimmt, der Zimmernachbar könne sie nicht hören und
nichts über sie erzählen. In dieser Nacht machen Mischa und
Rosa Pläne, träumen von einer Zukunft mit Kindern und einer
eigenen Wohnung.

Stichwörter/wichtige Textstellen:
In dieser Episode wird das Lügen thematisiert und positiv gewendet: *Wenn es eine Geschichte ist, wie jemand belogen werden muss, damit er ein bisschen glücklich sein kann (...)."* (S. 63) Mischa hat zur „Fajngold-Lüge" gegriffen, um sich und Rosa ein kleines privates Glück zu schaffen. Zugleich wird an Mischas und Rosa Gesprächen deutlich, welche Kräfte und Hoffnungen Jakobs Lüge freigesetzt hat.

S. 70–72

Der Erzähler arbeitet am Bahnhof und verlädt gemeinsam mit dem orthodoxen Juden Herschel Schtamm Kisten. Schtamm versteckt seine Schläfenlocken, Zeichen seines Glaubens, die im Ghetto verboten sind, unter einer Mütze. Herschel spricht den Erzähler auf Jakobs Neuigkeiten an; der Erzähler spricht von seiner Freude, macht Zukunftspläne und denkt an seine Frau Chana.

Stichwörter/wichtige Textstellen:
Einführung eines Vertreters des religiös-orthodoxen Judentums. Die Bedeutung der Bäume für den Erzähler wird erneut angesprochen – er sieht sich in einem Garten auf einem Baum sitzen, weiß aber, dass diese geträumte Zukunft eine Zukunft ohne seine erschossene Frau Chana sein wird.

S. 72–78

Jakob und Mischa arbeiten zusammen, aber Jakob ist wütend über Mischas Schwätzereien. Er sucht sich einen neuen Arbeitskollegen und gerät dabei an Kowalski, der aber auch in ihn dringt, um Neuigkeiten zu erfahren. Jakob sieht sich zu weiteren Lügen gezwungen.

! **Stichwörter/wichtige Textstellen**:
Jakob setzt eine weitere Lüge ein, um Kowalskis Hoffnung
nicht zu zerstören: *„Die erste Lüge, die vielleicht gar keine war,*
so klein nur, und Kowalski ist zufrieden. Das ist es wert, die
Hoffnung darf nicht einschlafen, sonst werden sie nicht überleben
(...)." (S. 77) Die Lüge wird hier als Teil einer Überlebensstrategie gesehen.

S. 78–85

Der Erzähler führt Lina ein, deren Eltern vor zwei Jahren
deportiert worden sind und die von Jakob auf dem Dachboden
versteckt wird. Jakob sieht sie wie eine Tochter an, er will sie
adoptieren. Lina ist krank. Sie wird von Professor Kirschbaum, einem einstmals berühmten Chirurgen, behandelt.

! **Stichwörter/wichtige Textstellen**:
Zwei weitere Figuren werden eingeführt, nämlich Lina und
Professor Kirschbaum. Zugleich wird deutlich, dass Jakob im
Alltag ein mutiger und hilfsbereiter Mensch ist. Würde Lina
entdeckt, wäre Jakobs Deportation in ein Todeslager sicher.
Im spielerischen Umgang mit Lina zeigt sich Jakobs Fantasie
(siehe S. 81 und S. 85).

S. 85–90

Der Erzähler berichtet, dass sich im Ghetto zwei Lager gebil-
det haben. Das eine, angeführt von Herrn Frankfurter, sieht
in dem Radio eine Gefahr, das andere Lager ist darauf aus,
Neuigkeiten zu erfahren. Herschel Schtamm gehört zur Gruppe derjenigen, die das Radio verdammen. Als er am Abend ein
Zwiegespräch mit Gott führt, was er an jedem Abend tut, in

dem er Gott bittet, das Radio zu vernichten, kommt es zu einem Stromausfall im Ghetto. Herschel glaubt, Gott habe seine Gebete erhört.

Stichwörter/wichtige Textstellen:

Der Abschnitt zeigt die Folgen der Radiolüge: *„Wer jetzt noch erschossen wird, so kurz vor Schluss, der hat plötzlich eine Zukunft verloren, um Himmels willen nur keinen Grund mehr geben für Majdanek oder Auschwitz, sofern Gründe Bedeutung haben (...)."* (S. 86) Die Menschen glauben an eine Zukunft. Zugleich aber werden unterschiedliche Verhaltensmuster deutlich. Sieht die eine Gruppe eine Überlebenschance in Anpassung und Stillhalten und damit im Radio eine Gefahr, zieht die andere Gruppe aus den Lügen Hoffnung. Typisch für den gesamten Roman ist es auch, dass über die Namen Majdanek und Auschwitz der Massenmord an den Juden nahezu nebenbei ins Bewusstsein geholt wird (mit beiden Namen ist das System der Konzentrationslager verbunden).

S. 90–101

Jakob ist froh über den Stromausfall, verschafft ihm dieser doch einige Zeit Ruhe. Er wird jedoch damit konfrontiert, dass es in Kowalskis Straße noch Strom gibt. Als u.a. von Mischa der Vorschlag kommt, das Radio zu Kowalski zu schaffen, weiß Kowalski Argumente ins Feld zu führen, die dagegen sprechen, was Jakob freut. Im zweiten Teil des Abschnitts geht es um Lisa, die zwei Jungen belauscht, die sich in die Rolle von Helden denken, die das Ghetto befreien, mit ein paar Ohrfeigen der Mutter des einen Jungen aber wieder auf den Boden der Tatsachen geholt werden.

Stichwörter/wichtige Textstellen:
Jakob ist über den Stromausfall erfreut. Auf die Frage Kowalskis, wie lange der Stromausfall wohl dauern könne, antwortet er: *„Hoffentlich zwanzig Jahre."* (S. 92) Es wird deutlich, dass Jakob die Verantwortung sieht, die er mit seinen Lügen auf sich nimmt. Zudem empfindet er die Erwartung der anderen, stets Neues präsentieren zu müssen, auch als Druck. Dass Kowalski den Vorschlag, das Radio zu ihm zu bringen, ablehnen und mit guten Gründen und wortreich als Unsinn abtun wird, weiß Jakob: *„Dass sie bei Kowalski auf Granit beißen werden, ist Jakob klar (...) wer so viele Jahre in Hörweite von Kowalski gelebt hat, der weiß, wie ein Held nicht aussieht."* (S. 94) Der Abschnitt mit Lina und den beiden Jungen beleuchtet nicht nur den Alltag von Kindern im Ghetto, sondern ist im Zusammenhang mit dem folgenden Erzählerkommentar zu sehen, geht es doch in ihm um das, was die Kinder in ihrem Spiel thematisieren: Widerstand und Befreiung.

S. 101–102

Der Erzähler thematisiert den nicht erfolgten Widerstand. Inzwischen hat er von Buchenwald und Warschau gehört, wo es organisierten Widerstand gegeben hat. Er betont, dass er zum Widerstand bereit gewesen wäre, schon alleine seiner erschossenen Frau wegen. Der Erzähler vermutet, dass er die Geschichte von Jakob deswegen immer wieder erzählen muss, weil er nicht damit leben kann, keinen Widerstand geleistet zu haben.

Stichwörter/wichtige Textstellen:
„Mir ist nicht unbekannt, dass ein unterdrücktes Volk nur dann wirklich frei werden kann, wenn es Beihilfe zu seiner Befreiung leistet, wenn es dem Messias wenigstens ein Stückchen des Weges

entgegengeht." (S. 102) Diese Aussage des Erzählers kann auch als Kommentar zum fehlenden (bzw. nur sehr geringen) Widerstand der Deutschen gegen das NS-Regime gelesen werden.

S. 102–104

Jakobs Radiopause dauert nicht lang; ein Trupp deutscher Elektriker repariert den Schaden; die jüdischen Elektriker, denen es nicht gelungen ist, den Fehler zu finden, werden als Saboteure erschossen.

Stichwörter/wichtige Textstellen:
Der kurze Abschnitt zeigt am Beispiel der Elektriker den Terror, unter dem die Juden im Ghetto leben.

S. 104–114

Jakob steht vor dem Problem, sich immer neue Nachrichten auszudenken. Als er bei der Arbeit am Bahnhof sieht, wie die „Pfeife" mit einer Zeitung unter dem Arm das Klosett aufsucht und es ohne Zeitung wieder verlässt, kommt Jakob auf die Idee, sich die Zeitung als Informationsquelle zu beschaffen. Er sucht das Klosett, dessen Benutzung für Juden verboten ist, auf, um sich die Zeitung zu beschaffen. Er gerät in höchste Not, als ein deutscher Soldat vor dem Toilettenhäuschen wartet. Durch ein Ablenkungsmanöver Kowalskis wird er gerettet.

Stichwörter/wichtige Textstellen:
Kowalski erweist sich nun doch als Held (vergl. die Hinweise zu S. 90–101), denn er rettet Jakobs Leben und erweist sich als Freund. Er kommt – mit viel Glück – mit einem blauen Auge davon (im wahrsten Sinne des Wortes).

S. 114–129

Jakobs Klo-Aktion ist von nur geringem Erfolg, denn die Zeitungsreste, die er gerettet hat, geben wenig Informationen her. Kowalski kommt zu Besuch, um Neues zu erfahren. Lina, die sich hinter einem Sofa versteckt hat, hört vom Radio, das Kowalski erwähnt. Jakob macht Kowalski deswegen große Vorwürfe und schickt Lina auf den Dachboden. Auf die Fragen Kowalskis nach dem Vormarsch der Russen sagt er, das Radio sei kaputt.

Stichwörter/wichtige Textstellen:
Jakob sucht nach einer Lösung, um weitere Lügen zu vermeiden.

S. 130–145

Jakob arbeitet am Bahnhof mit Leonard Schmidt zusammen, dessen Lebenslauf der Erzähler ausführlich vorstellt. Schmidt war auf dem besten Wege, *„ein deutscher Nationalist zu werden"* (S. 131), hat eine Karriere als Offizier und erfolgreicher Rechtsanwalt hinter sich und hat sich nie als Jude, sondern immer als Deutscher verstanden. Auch Schmidt gegenüber behauptet Jakob, sein Radio sei kaputt. Ein verschlossener Waggon erregt die Aufmerksamkeit Herschel Schtamms, doch er und alle anderen Juden, die am Bahnhof arbeiten müssen, bekommen die Anweisung, sich von dem Waggon fern zu halten. Schtamm hat in dem Waggon Stimmen gehört, er setzt sich über die Anordnung hinweg, spricht mit den Eingeschlossenen, denen er mitteilt, die Russen seien bereits in der Nähe. Von einem Wachtposten wird er erschossen. Die anderen arbeiten weiter und wollen ihn am Abend mitnehmen. Jakob macht sich Vorwürfe.

Stichwörter/wichtige Textstellen:

Die Episode macht einerseits deutlich, dass Jakob an die Grenzen seiner Kräfte kommt: *„Erinnern wir uns doch bitte zwischendurch nur kurz daran, dass Jakob genauso trostbedürftig ist wie alle Armseligen um ihn herum (...)."* (S. 136) Mit Leonard Schmidt wird ein assimilierter Jude als Figur eingeführt; er stellt sozusagen die Kontrastfigur zum orthodoxen Herschel Schtamm dar, der in dieser Episode zum Helden wird. Zwar gehört er zur Partei Frankfurters und sieht im Radio eine Gefahr (siehe S. 85 – S. 90), doch setzt er sich hier über ein Verbot hinweg, um den eingeschlossenen Juden Hoffnung zu machen, indem er eine Radionachricht weitergibt.

S. 145–153

Jakob überrascht Lina dabei, wie sie in der Wohnung nach dem Radio sucht. Ihm wird – auch angesichts der Aktion von Herschel Schtamm – klar, wie wichtig der Glaube an das Radio inzwischen ist. Er denkt darüber nach, dass Radio wieder einzusetzen.

S. 153–164

Jakob hat in der Nacht den Entschluss gefasst, dass Radio wieder einzusetzen. Ihm ist klar geworden, dass die Ursache seiner Probleme in der Inkonsequenz seiner Lügen besteht, dass er planvoller lügen muss. Als Kowalski mit einem Mechaniker erscheint, der das Radio reparieren soll, kann Jakob diesen mit der Nachricht wegschicken, dass Radio funktioniere wieder. Jakob und Kowalski sprechen über die Zukunft, machen Pläne für die Zeit nach dem Ghetto.

Stichwörter/wichtige Textstellen:

Der Tod Herschel Schtamms und der Glaube Linas an die Existenz des Radios veranlassen Jakob zu einer Änderung seiner Strategie; er will nun gezielt und bewusst lügen, um Hoffnung zu verbreiten:

„(...)ein Lügner mit Gewissensbissen wird sein Leben lang ein Stümper bleiben. In dieser Branche sind Zurückhaltung und falsche Scham nicht angebracht, du musst da aus dem Vollen schöpfen (...)." (S. 154)

S. 164–178

Lina sucht erfolglos nach dem Radio; mit Bitten, Tränen und Schmeicheln bringt sie Jakob dazu, ihr das Radio zu zeigen. Der Erzähler schaltet sich ein und gibt zunächst ein Gespräch mit Jakob wieder, der ihm offenbart, dass Lina gemerkt habe, dass er das Radio nur vorspiele, dass er aber gewollt habe, dass sie es merke. Er habe endlich einem Menschen gegenüber die Wahrheit bekennen müssen, und Lina sei ihm der liebste dafür gewesen. Jakob geht mit Lina in den Keller. Hinter einer Wand sitzend, spielt Jakob Lina eine Radiosendung vor. Zunächst präsentiert er ein Interview mit Churchill, danach simuliert er die Übertragung eines Konzertes, bei dem er sämtliche Instrumente nachahmt, zum Abschluss erzählt er als Märchenonkel die Geschichte von der kranken Prinzessin und der Wolke.

Stichwörter/wichtige Textstellen:

Jakobs Spiel im Keller ist Ausdruck reinster Fantasie; es geht ihm nicht darum, Lisa zu belügen, sondern sie (und sich selbst) zu verzaubern und in eine andere Welt zu versetzen. Jakob erzählt nicht vom Radio, sondern er wird zum Radio: *„(...) und*

jetzt weiß man Bescheid, es sieht aufs Haar so aus wie Jakob."
(S. 174)

Im Gespräch mit dem Erzähler wird deutlich, welche innere Belastung Jakob durch das Gefühl der Verantwortung verspürt, wie sehr es ihn quält, dass er niemandem die Wahrheit sagen kann.

S. 178–185

Mischa und Rosa haben das Zimmer für sich alleine, da Fajngold verschwunden ist. Niemand weiß etwas über sein Schicksal. Aber gerade jetzt will Rosa nicht bei Mischa übernachten. Sie erklärt ihm schließlich, dass er die Trennwand aus Schrank und Vorhang, die er nach Fajngolds Verschwinden beseitigt hat, wieder aufbauen soll. Es kommt zum Streit, der aber doch wieder in Versöhnung endet. Rosa beharrt auf ihrem Wunsch.

Stichwörter/wichtige Textstellen:

Das unerklärliche Verschwinden Fajngolds, der wohl deportiert worden ist, macht deutlich, wie brüchig die vermeintliche Sicherheit im Ghetto ist. Rosas Verhalten verdeutlicht zugleich, wie sehr der Terror des Ghettoalltags in die Psyche Einzelner eingreift.

S. 185–200

Jakob wird zufällig Zeuge, wie Lina eine eigene Version des Märchens von der Prinzessin weitererzählt und als Quelle ihn und nicht das Radio angibt. Seinen Vorsatz, die Zeit mit Lina zu verbringen, gibt er auf und geht stattdessen spazieren. Bei dem Spaziergang erinnert er sich der einstigen Liebe zu Josefa

Litwin, die zu Ende gegangen ist, weil Jakob sich nicht für eine dauerhafte Bindung mit ihr entscheiden konnte. Als er von seinem Spaziergang zurückkehrt, liegt Lina bereits im Bett. Jakob bekommt Besuch von Professor Kirschbaum, der mit Jakob über den Radioapparat sprechen möchte. Kirschbaum will Jakob auf die Gefahr aufmerksam machen, die das Radio darstellt, doch Jakob, leicht erzürnt, weist ihn darauf hin, dass seine Erzählungen den Menschen Mut machen, sie davon abhalten zu sterben. Bei einer Zigarre entspannt sich die Stimmung, und Jakob führt als letztes Argument an, dass sich niemand mehr das Leben genommen hat, seit seine Erzählungen kursieren. Kirschbaum fragt sich, warum ihm das nicht aufgefallen sei.

Stichwörter/wichtige Textstellen:
Der Abschnitt ist in drei Teile gegliedert. Im ersten Teil wird Jakob unfreiwillig Zeuge davon, wie Lina sein Märchen verändert. Zudem erkennt er, dass sie weiß, dass er das Radio ist. Im zweiten Teil steht der Gegenwart im Ghetto die Erinnerung an die früheren Zeiten gegenüber. Im Gespräch mit Kirschbaum legt Jakob seine Gründe für die Lügen dar und macht ihre Auswirkungen deutlich: *„Und wenn ich versuche, die allerletzte Möglichkeit zu nutzen, die sie davon abhält, sich gleich hinzulegen und zu krepieren, mit Worten, verstehen Sie, versuche ich das! Weil ich nämlich nichts anderes habe! (...) Seit sich die Nachrichten im Ghetto herumgesprochen haben, ist mir kein Fall bekannt geworden, dass sich jemand das Leben genommen hat."* (S. 198/200) Hier zeigt sich noch einmal, dass Jakob einerseits Hoffnung verbreitet, dass seine Geschichten aber Ersatz für anderes sind – für mögliche Formen des Widerstandes etwa (*Weil ich nämlich nichts anderes habe*). Jakobs Äußerungen machen deutlich, dass er sich der Begrenztheit seiner „frohen Botschaften" durchaus bewusst ist.

S. 200–217

Zwei SS-Männer (bzw. Gestapo-Männer), Preuß und Meyer, holen Professor Kirschbaum ab; er soll den Obersturmbannführer und Gestapochef Hardtloff, der einen Herzanfall erlitten hat, behandeln. Kirschbaum nimmt von seiner Schwester Abschied, die ihm noch ein Röhrchen mit Tabletten zusteckt, die Kirschbaum während der Fahrt schluckt. Bei der Villa Hardtloffs angekommen, müssen die SS-Leute feststellen, dass sich Kirschbaum vergiftet hat. Der Erzähler gibt eine Erklärung für sein Wissen ab. Nach dem Krieg ist er noch einmal ins Ghetto gefahren, hat sich die Adresse von Preuß besorgt, hat ihn in Berlin aufgesucht und sich von ihm den Hergang erzählen lassen.

Stichwörter/wichtige Textstellen:
Der Abschnitt macht einen Konflikt deutlich, in dem Kirschbaum steckt. Hilft er Hardtloff, werden die Juden ihn vielleicht als Kollaborateur sehen, hilft er Hardtloff nicht, muss er mit seiner Erschießung rechnen. Sein Selbstmord ist eine Tat des persönlichen Mutes; er zeigt, dass er nicht bereit ist, dem Nazi Hardtloff zu helfen. Zugleich wird in diesem Abschnitt deutlich, wie der Erzähler sich mit seiner eigenen Vergangenheit auseinander setzt (Besuch des Ghettos, Beschaffung von Informationen). Dass Preuß als „entnazifiziert" gilt und als anständiger Bürger in Westberlin lebt, wirft ein bezeichnendes Licht auf die „Vergangenheitsbewältigung" in Westdeutschland.

S. 217–224

Eine Fahne ist auf Halbmast geflaggt, sie gilt dem toten Hardtloff. Die Arbeiter am Bahnhof werden für den Tod Hardtloffs bestraft, indem sie kein Essen bekommen. Jakob will als Essenersatz gute Nachrichten verbreiten, doch der Tod Kirschbaums rückt als Nachricht in den Vordergrund. Mit Schmidt und zwei anderen muss Jakob die Fäkaliengrube leer schaufeln. Als Schmidt immer schwächer wird, hält ihn Jakob mit Hinweisen auf Churchill auf den Beinen.

Stichwörter/wichtige Textstellen:

Erneut, wie schon bei der ersten Lüge, wird Jakob zum Lebensretter, denn mit der Hoffnung, nach der Arbeit ausführlich etwas über Churchill zu erfahren, bewahrt er Schmidt davor zusammenzubrechen und wegen Arbeitsverweigerung erschossen zu werden.

S. 224–236

Durch einen Zufall erfährt Mischa davon, dass die Franziskaner Straße, wo Rosa und ihre Eltern wohnen, geräumt und die Einwohner deportiert werden sollen. Er läuft zu der Fabrik, in der Rosa arbeitet. Ein Kollegin Rosas teilt ihm mit, diese sei nach Hause geschickt worden. Er findet Rosa auf dem Weg nach Hause, bringt sie zu sich in die Wohnung, ohne ihr etwas von der Deportation zu sagen. Rosa steht bei Mischa am Fenster und erkennt, dass sich ein Zug von Menschen durch die Straße bewegt. Mit Gewalt zieht Mischa Rosa vom Fenster weg, als Rosa sieht, dass unter den Vorbeiziehenden Nachbarn aus ihrer Straße sind und Mischa dann ihre Eltern erkennt, bevor Rosa diese sieht. Es kommt zu einer Auseinandersetzung zwischen Rosa und Mischa. Ihr wird klar, dass auch ihre Eltern dabei sein müssen und dass Mischa sie wegen der Deportation abgeholt hat. Seine Lüge, er habe ihre Eltern nicht gesehen, glaubt sie ihm nicht. Ihr lauter Streit wird durch das Auftauchen einer Nachbarin zunächst beendet.

Stichwörter/wichtige Textstellen:
„‚Du lügst!' schreit sie. ‚Ihr lügt alle! Ihr redet und redet, und nichts ändert sich!'" (S. 235) Die hoch dramatische Episode macht deutlich, dass Jakobs Lügen zwar Hoffnung verbreiten, die brutale Wirklichkeit aber nicht aufhalten können.

S. 236–249

Rosa wohnt bei Mischa, während die Deportationen Straße um Straße weitergehen. An einem Nachmittag entschließt sich Rosa, die Wohnung ihrer Eltern aufzusuchen. Sie begegnet im Haus einem kleinen Jungen, der plündert, betritt dann die elterliche Wohnung, sucht nach ein paar Zeilen ihrer Mutter, findet aber keine Nachricht. Sie nimmt Lebensmittelkarten und Wäsche mit. Dann geht sie zu Jakob, wo sie auf Lina trifft. Es entspinnt sich ein Gespäch, in dem Rosa Lina zu verstehen gibt, dass sie nicht an Jakobs Geschichten glaubt. Als Lina sie jedoch fragt, ob sie meine, Jakob schwindele, scheint Rosa dieser Begriff angesichts des Kindes unangemessen. Den letzten Teil des Gesprächs hat Jakob mitgehört. Rosa ist irritiert, ohne ein Wort verlässt sie die Wohnung. Als sie die Straße betreten will, fährt ein Auto vor. Zwei Uniformierte gehen in das Haus. Rosa und ein alter Mann begeben sich auf die andere Straßenseite. Die Uniformierten verlassen nicht mit Jakob, wie vermutet wird, das Haus, sondern mit der Schwester von Professor Kirschbaum. Sie wird verhaftet.

Stichwörter/wichtige Textstellen:
Am Schicksal Elisa Kirschbaums wird die nationalsozialistische „Sippenhaft" gezeigt, Elisa Kirschbaum wird für ihren Bruder bestraft (siehe S. 247); Jakob wird mit dem Begriff des „Schwindels" konfrontiert, was ihn erschüttert (*„Da steht Ja-*

kob, mit steinernem Gesicht, wie es heißt, man hat keinen Luftzug gespürt." S. 244). Er erlebt, wie Lina ihn mit Lügen verteidigt. Zum ersten Mal wird auch deutlich, dass Mischa die Hoffnung zu verlieren beginnt: *„Ich glaube nicht mehr an ein gutes Ende".* (S. 237)

S. 249–258

Jakob ist am Ende seiner Kräfte, wobei verschiedene Faktoren zusammenkommen. Er sieht, dass seine „Lügen" gegen die Wirklichkeit nicht ankommen, Elisa Kirschbaums Verhaftung spielt ebenso eine Rolle wie die Erfahrung, dass Lina ihn mit Lügen gegenüber Rosa verteidigt hat. Auch die wachsende Mutlosigkeit bedrückt ihn. Er fasst den Entschluss, Kowalski die Wahrheit zu sagen. Dieser sagt ihm nach dem Gespräch zu, ihn nicht mehr nach Neuigkeiten zu fragen.

Stichwörter/wichtige Textstellen:
Jakob ist an einem Tiefpunkt, der vielfältige Ursachen hat: *„Es kommt von überallher ein bisschen zusammen, am meisten wohl, wenn man sich ganz einfach die Lage um einen herum ansieht."* (S. 251)

S. 258–262

Jakob geht am nächsten Tag zur Arbeit. Er kommt an Kowalskis Haus vorbei. Er erfährt, dass sich Kowalski aufgehängt hat, weil er die Wahrheit nicht verkraftet hat. Jakob kommt zu dem Entschluss, das Radio wieder in Betrieb zu nehmen.

Stichwörter/wichtige Textstellen:
Das Eingeständnis der Wahrheit hat für Jakob die *„schlafloses-te Nacht seit langem"* (S. 258) zur Folge. Nach dem Tod Kowalskis gibt sich Jakob die Schuld. Auf Jakobs Selbstvor-würfe hin sagt der Erzähler: *„Nicht du bist schuld an Kowalskis Tod, sondern er hatte es dir zu verdanken, dass er bis zu diesem Tag gelebt hat."* (S. 262)

S. 262–263

Der Erzähler kündigt an, dass sich die Geschichte von Jakob ihrem Ende nähert. Er weist darauf hin, dass er zwei Enden erzählen will: Einmal ein ordentliches Ende, das Jakob ange-messen ist, dann aber auch ein hässliches Ende, das aber der Wirklichkeit entspricht.

Stichwörter/wichtige Textstellen:
Mit dem Hinweis auf die zwei Enden unterstreicht der Erzäh-ler noch einmal die Fiktionalität der Geschichte und betont zugleich seine Rolle. Der Erzähler betont, dass er den Prozess des Erzählens steuert, gleichwohl neben dem wünschenswer-ten Ende das wirkliche Ende (dem tatsächlichen Verlauf des historischen Prozesses entsprechend) präsentiert.

S. 263–277

Im wünschenswerten Ende geht eine Veränderung mit Jakob vor. Er bittet Rosa und Mischa, Lina zu sich zu nehmen, trennt die Judensterne von seiner Jacke, begibt sich in der Dunkel-heit an die Ghettogrenze und beginnt damit, den Zaun zu durchtrennen. Von der Salve aus einem Maschinengewehr wird er getötet. Mit den Schüssen auf Jakob beginnt aber zugleich ein gewaltigeres Schießen; die Russen haben das Ghetto erreicht und befreien es. Der Erzähler geht mit den anderen hinaus in die Freiheit.

! **Stichwörter/wichtige Textstellen:**
Das wünschenswerte Ende geht *„ein wenig auf Kosten Jakobs"*, zugleich ist dieses Ende aber auch verbunden mit der *„Rache für Jakob"* (S. 275).

S. 277–288

Das „wirkliche" Ende zeigt den Erzähler, Lina, Jakob und andere im Waggon, der Richtung Konzentrationslager fährt. Auf der Fahrt schließt der Erzähler Freundschaft mit Lina; über Lina wird der Kontakt zu Jakob enger, und Jakob erzählt ihm seine Geschichte.
Die Bäume entlang der Wegstrecke erinnern den Erzähler an jenen Baum, unter dem seine Frau erschossen worden ist.

! **Stichwörter/wichtige Textstellen:**
Der Roman endet mit dem Baummotiv, mit dem er auch beginnt. Jakob erzählt dem Erzähler seine Geschichte, weil sich dieser rührend um Lina kümmert: *„Ich sehe auch, wie Jakob mich freundlich ins Auge fasst, vielleicht ist meine Schulstunde schuld daran, dass er mir wenige Tage später eine viel verrücktere Geschichte erzählt, ausgerechnet mir. Denn dass ich als einer von wenigen überlebe, steht nicht in meinem Gesicht geschrieben."* (S. 286 f.)

2.3   Aufbau

2.3.1   Episodenhaftes Erzählen und Spannungsaufbau

Schon in der Einleitung zum Kapitel 2.2 (Inhaltsangabe) ist darauf hingewiesen worden, dass der Roman auf eine Kapiteleinteilung verzichtet, sich aber durch die Absatzbildung über Leerzeilen in Erzählabschnitte einteilen lässt, die zudem noch von Kommentaren des Erzählers durchsetzt sind. Diese Erzählabschnitte schildern episodenhaft den Gang der Ereignisse in ihrer Chronologie, sind also linear-sukzessiv angelegt. Unterbrochen wird die Chronologie allerdings durch die erwähnten Erzählereinmischungen, die auf die Erzählergegenwart abheben, aber auch retrospektiven Charakter haben und die Zeit vor dem Leben im Ghetto einbeziehen können. Auch im Figurengespräch können solche retrospektiven Momente in die Gegenwart im Ghetto geholt werden (etwa in Gesprächen zwischen Jakob und Kowalski).
Wenngleich die Episoden in einer linear-sukzessiven Abfolge angeordnet sind, so handelt es sich dennoch nicht um eine lose gefügte Reihung von Einzelgeschichten, die ohne dramaturgische Gestaltung, also ohne Spannungsbogen, additiv aufeinander folgen. Vielmehr sind die Episoden durch zwei gegenläufige Entwicklungen bestimmt und weisen erzählerische Höhepunkte auf. Die eine Entwicklung greift den realgeschichtlichen Hintergrund des Romans auf, der über das Schicksal einzelner Figuren immer wieder in die Handlung geholt wird. Bestimmendes und zugleich dramatisierendes, also Spannung aufbauendes Moment ist auf dieser Ebene die Räumung des Ghettos und die Deportation seiner jüdischen Bewohner in die Konzentrationslager, was für (nahezu) alle einem Todesurteil gleich kommt. Der dramatische Höhepunkt

auf dieser Ebene ist an die Figuren Rosa und Mischa geknüpft. So muss Rosa, am Fenster von Mischas Wohnung stehend, sehen, wie Leute aus ihrer Straße, die geräumt worden ist, auf dem Weg zu einem Todestransport sind. Und obwohl Mischa sie vom Fenster fortreißt, bevor sie ihre Eltern unter den Vorbeimarschierenden sehen kann, weiß sie doch, dass auch ihre Eltern in den Tod gehen. Die zweite Entwicklung bezieht sich auf Jakobs Radiolüge. Hier ist eine Spannungskurve zu erkennen, die sich mit der ersten Lüge Jakobs aufbaut, die aus einem Impuls heraus spontan erfolgt (Rettung Mischas), und im Entschluss Jakobs mündet, gezielt seine Lügen einzusetzen, um Hoffnung zu verbreiten (Reaktion auf die Ermordung Herschel Schtamms/Lüge als Strategie der Hoffnung). Ihren fantasievollen Höhepunkt hat diese Ebene in der „Keller-Episode", in der Jakob, der bisher das Radio erlogen hat, selber zum Radio wird. Auf dem Weg zum Radio-Spiel hat Jakob natürlich immer wieder Zweifel daran, ob sein Vorgehen richtig ist. Aber erst mit dem Besuch Rosas bei Jakob, der wiederum mit der Deportation ihrer Eltern und ihrer Verzweiflung zusammenhängt, wird ein Wendepunkt erreicht. Jakob fühlt sich durch Rosa als Lügner erkannt, dessen Lügen die grausame Wirklichkeit nicht länger überdecken können. Zudem macht ihm zu schaffen, dass Elisa Kirschbaum verhaftet wird. Er verliert seine Hoffnung, so dass er Kowalski die Wahrheit gesteht, was in tragischer Konsequenz in dessen Selbstmord mündet. Dies führt dazu, dass Jakob die Radio-Lüge wieder aufnehmen will. Beide Ebenen sind dann im doppelten Ende des Romans aufgehoben.

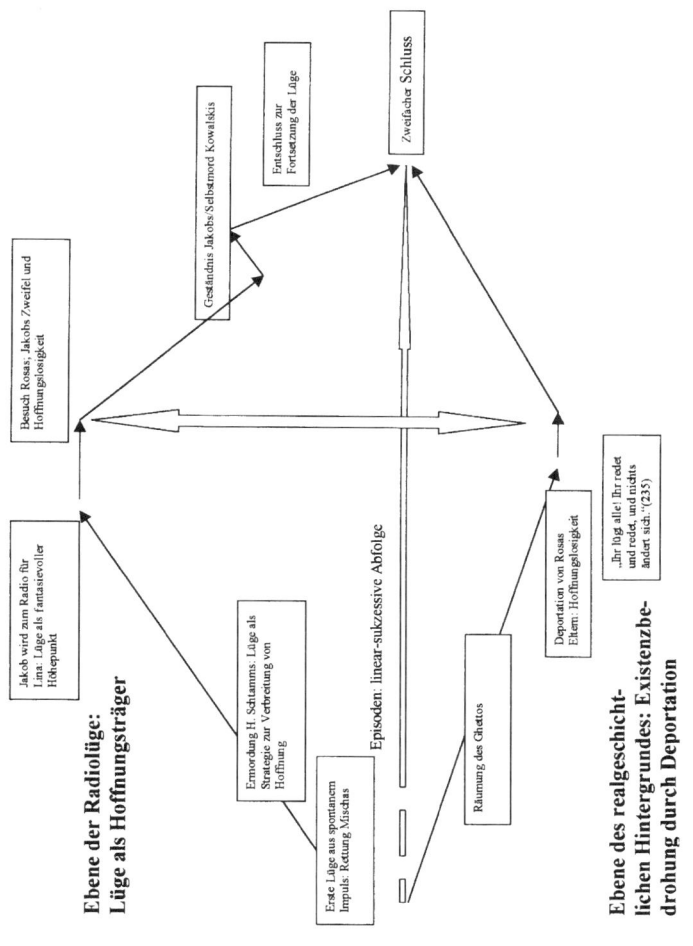

Ebene der Radiolüge:
Lüge als Hoffnungsträger

Jakob wird zum Radio für Lina. Lüge als fantasievoller Höhepunkt

Besuch Rosas; Jakobs Zweifel und Hoffnungslosigkeit

Geständnis Jakobs/Selbstmord Kowalskis

Entschluss zur Fortsetzung der Lüge

Zweifacher Schluss

Ermordung H. Schtamms. Lüge als Strategie zur Verbreitung von Hoffnung

Erste Lüge aus spontanem Impuls: Rettung Mischas

Episoden: linear-sukzessive Abfolge

Räumung des Ghettos

Deportation von Rosas Eltern: Hoffnungslosigkeit

„Ihr lügt alle! Ihr redet und redet, und nichts ändert sich." (235)

Ebene des realgeschicht-
lichen Hintergrundes: Existenzbe-
drohung durch Deportation

Reduziert man, wie im Schaubild geschehen, die Entwicklung auf der „Jakob-Ebene" auf ihre wesentlichen Gelenkstellen, so mag der Aufbau Ähnlichkeiten mit der Tektonik eines 5-Akters aufweisen. Im Mittelpunkt des I. Aktes, der die Hauptfigur einführt und den Konflikt verdeutlicht, steht Jakobs Entschluss zur Rettung Mischas und seine erste „Radio-Lüge". Der II. Akt mit dem steigernden (erregenden) Moment und der Entfaltung des Konflikts ist um die Herschel-Schtamm-Episode gruppiert und mündet in Jakobs Entschluss zur Lüge, um den Menschen Hoffnung zu geben. Das Radio-Spiel, ziemlich genau in der Mitte des Romans angesiedelt, und Rosas Besuch bilden Höhe- und Wendepunkt (III. Akt). Die fallende Handlung des IV. Aktes incl. des retardierenden Moments gruppiert sich um die Kowalski-Episode. Im V. Akt werden die beiden Schlussvarianten präsentiert.

2.3.2 Raum- und Zeitstruktur

„Es ist also Abend. Fragt nicht nach der genauen Uhrzeit, die wissen nur die Deutschen, wir haben keine Uhren. Es ist vor einer guten Weile dunkel geworden, in ein paar Fenstern brennt Licht, das muss genügen. Jakob beeilt sich, er hat nicht mehr viel Zeit, es ist schon vor einer sehr guten Weile dunkel geworden. Und auf einmal hat er überhaupt keine Zeit mehr, nicht eine halbe Sekunde, denn es wird hell um ihn. Das geschieht mitten auf dem Damm der Kurländischen, dicht an der Ghettobegrenzung, wo früher die Damenschneider ihr Zentrum hatten. Da steht der Posten, fünf Meter über Jakob, auf einem Holzturm hinter dem Draht, der quer über den Damm gezogen ist. Er sagt zuerst nichts, er hält Jakob nur mit dem Scheinwerfer fest, mitten auf dem Damm, und wartet." (S. 12)

Bereits der hier wiedergegebene Beginn der ersten Erzählepisode (ihr voraus geht der erste Erzählerkommentar) verdeutlicht wesentliche Aspekte der Raum- und Zeitgestaltung in *Jakob der Lügner*. Der Raum, in dem sich Jakob bewegt, ist der durch Stacheldraht umsäumte und von Posten auf Wachtürmen begrenzte Raum des Ghettos. Mit wenigen Strichen ist dieser Raum markiert. Ein (Stachel-)Draht, quer über die Fahrbahn gezogen, ein Holzturm, ein Scheinwerfer sind die topografischen Markierungspunkte. Diese sind aber nur die äußeren und offensichtlichen Merkmale eines Raums, der durch eine eigene Ordnung, durch Regeln und Vorschriften zu einem Raum des Terrors und der Entwürdigung geworden ist. Der Scheinwerfer, der die Nacht plötzlich in Helligkeit taucht, ist ein solches Instrument des Terrors. Die Helligkeit weist keinen Weg, sondern setzt Jakob der Gefahr aus, der sich Jakob bewusst ist, nicht obwohl, sondern gerade weil der Posten schweigt. In den folgenden Zeilen wird geschildert, wie Jakob, *„allein mit seiner Angst"*, automatisch beginnt, darüber nachzudenken, ob er sich einer der zahlreichen *„naheliegendsten Verfehlungen"* schuldig gemacht hat: *„Die Kennkarte hat er bei sich, auf der Arbeit hat er nicht gefehlt, der Stern auf der Brust sitzt genau am vorgeschriebenen Ort (...)."* (ebenda) Der Terror des Ghetto-Raums konstituiert sich in erster Linie also nicht durch seine Topografie, sondern indem gezeigt wird, wie er in das Sein (Verbote, Gebote), v. a. aber in das Bewusstsein der unterdrückten Ghettobwohner eingreift (Jakobs sofortige Überlegungen, ob er gegen eine Regel verstoßen haben könne, das unmittelbare Aufkommen von Angst). In diesem Kontext ist die Bedeutung von Jakobs Radio-Lüge zu sehen: Sie verändert nicht den schrecklichen Alltag, sondern erfasst die Menschen

> Bewusstseinsraum: Gegenwart – Zukunft – Vergangenheit

> Topografie des Terrors

in ihrem Bewusstsein, verdeutlicht ihnen, dass das jetzige Leben ein von Menschen, nämlich den SS-Leuten bestimmtes Leben und somit veränderbar ist. Hoffnungen auf eine zukünftige bessere Welt werden freigesetzt. Die Hoffnung auf eine bessere (wieder menschenwürdige) Zukunft hat ihr Pendant in den Erinnerungen an die Zeit vor dem SS-Terror, an die Zeit des „Schtetls", an jene Tage also, als eine noch intakte jüdische Gemeinschaft im alltäglichen Leben ihre eigenen Solidarstrukturen in den Stadtvierteln pflegte. Und so erinnert sich Jakob auch sofort daran, dass er sich im ehemaligen Schneiderviertel befindet; er weiß die Namen der Ladenbesitzer und kennt ihre Biografien (siehe S. 12).

Willkür und Vorhof zur Hölle

Die Regeln und Vorschriften, die zahlreichen Bestimmungen und Einschränkungen täuschen Geregeltheit und Ordnung nur vor, wo in Wirklichkeit Willkür herrscht (Jakob hat sich nicht verspätet, der Posten erlaubt sich einen „Scherz" mit ihm, der Jakob aber das Leben kosten kann). Dass die Welt des Ghettos dabei der Vorhof zur Hölle der Konzentrationslager ist, wird im Roman immer wieder verdeutlicht, wenn, nahezu beiläufig, der alltägliche Terror in die Handlung geholt wird.

Der Bahnhof

Ein besonderer Raum ist der Bahnhof. Hier spielen sich wesentliche Ereignisse ab; der Bahnhof ist Ort der Arbeit, der Kommunikation und der Gefahr. Und der Bahnhof ist Durchgangsstation auf der Reise in den Tod. Seine Gleise führen in die Vernichtungslager; in den Waggons, die Jakob und die anderen zu Beginn mit Kisten beladen, werden sie in das KZ fahren.

Der für die jüdischen Bewohner vorgesehene Raum der Ghettos ist insgesamt durch Begrenzungen gekennzeichnet, die zu überschreiten das Leben kosten kann.

„Die Begrenzung des Großraums der Handlung im ‚Jakob' hat unmittelbare Konsequenzen für deren Mikrostruktur. Zahlreiche wichtige Handlungslinien konzentrieren sich auf einzelne Räume: von Mischas Zimmer, in dem allein er den sexuellen Teil seiner Liebesfreuden mit Rosa genießen kann, über den Keller in Jakobs Haus, in dem angeblich das Radio versteckt ist, bis zum Dachboden desselben Gebäudes, auf dem Lina verborgen wird (...). Gerade weil den Figuren der Weg über die Grenzen des Ghetto-Raumes versperrt ist, gewinnen einzelne Räume innerhalb des Ghettos eine besondere Bedeutung."[19]

Zum Raum des Ghettos gehört auch der Raum der Peiniger und Unterdrücker. In der ersten Episode ist es das

> Der Raum der Unterdrücker ist konturlos

Revier, auf das Jakob geschickt wird. Auch dieser Raum ist mit Erinnerungen verknüpft, denn die deutsche Verwaltung ist im ehemaligen Finanzamt untergebracht. Diese Erinnerungen sind Jakob (und dem Erzähler) wichtig, sogar Details werden genannt: *„Hinter der Fünfzehn, einst Kleine Gewerbetreibende, Buchstabe A bis E hört Jakob Geräusche."* (S. 15 f.) Der Raum der Unterdrücker findet als solcher aber kaum Interesse, er wird angedeutet oder auf funktionale Elemente im System des Terrors beschränkt (Wachturm, Stacheldraht). Diese Konturlosigkeit des Feindes-Raums

> *„(...) kann einerseits durch die Erzählerposition, andererseits durch den Erzählerwillen erklärt werden, der Täterwelt keine eigenständige Bedeutung zuzugestehen."*[20]

Auf einen weiteren Raum soll noch kurz hingewiesen werden: Es ist der

> Der Raum des Erzählers

Raum der Erzählergegenwart. Der konkrete Ort wird nicht

---

19 Helmut Schmiedt, zitiert nach Arnold, S. 31
20 Wiese, S. 24

genannt, dem Erzähler ist lediglich der Hinweis wichtig, dass der Ort im Grünen liegt, Parks und Bäume hat, die ihn zu Erinnerungen einladen.(siehe S. 28) Auch über die Erzählergegenwart bekommen wir keine Informationen mit Tiefenschärfe. Nach den Angaben des Erzählers, der sagt, er sei (19)21 geboren und jetzt 46 Jahre alt (siehe S. 27), befinden wir uns im Jahre 1967. Die Zeit ist bestimmt durch

Die Erzählergegenwart

„(...) *Abwechslung, neue heitere Sorgen mit ein wenig Unglück dazwischen, Frauen, das ist noch nicht vorbei, aufgeforstete Wälder, gepflegte Gräber (...).*" (S. 26)

„Überwiegend heiter" ist das Leben in der Gegenwart und niemand, so betont der Erzähler ausdrücklich, kann ihn zwingen sich an die Vergangenheit, an das Erlebte und an Jakob zu erinnern. Aber genau das Glatte, Heitere und Abwechslungsreiche der Gegenwart steht in scharfem Kontrast zur Vergangenheit, die erzählt werden will und erzählt werden soll und in die Erzählergegenwart immer wieder einbricht (siehe S. 27). Die Vergangenheit ist nahezu durch Zeitlosigkeit gekennzeichnet, denn das Leben steht täglich unter dem stets gleichen Diktat der Vorschriften und Regeln sowie der Willkür und des Terrors der Besatzer. Dass die Juden im Ghetto keine Uhren haben dürfen (siehe das Zitat oben), spielt insofern schon kaum noch eine Rolle, weil das Messen von Sekunden und Minuten keine Rolle spielt, sondern es immer und jederzeit um das Überleben geht. Wohl deshalb kommt der Erzähler ohne exakte Zeitangaben (im Sinne einer Chronologie) aus, sondern kann sich mit Hinweisen wie *„Dann ist es wieder Tag"* (S. 70) begnügen. Und deshalb betont er mit dem Präsens als Zeitform des Erzählens die Uniformität des Alltags im Ghetto zusätzlich. Jakobs Lügen greifen nicht nur in das Bewusstsein der Ghettobewohner vom Raum ein (siehe oben in diesem Abschnitt), sondern verändern auch ihr Zeit-

Zeitbewusstsein und Imagination einer Zukunft des Normalen

bewusstsein. Wie sie sich an die vergangene Welt erinnern und sich eine zukünftige bessere Welt imaginieren, so können sie sich eine Zeit vorstellen, in der es nicht mehr nur um das nackte Überleben geht, sondern in dem Leben überhaupt erst wieder eine Qualität bekommt, die Qualität des Selbstverständlichen und Normalen nämlich, eine Zeit, in der die Menschen eine Zukunft haben:

> *„Wer jetzt noch erschossen wird, so kurz vor Schluss, der hat plötzlich eine Zukunft verloren, um Himmels willen nur keinen Grund mehr geben für Majdanek oder Auschwitz, sofern Gründe Bedeutung haben, Vorsicht, Juden, höchste Vorsicht und keinen unüberlegten Schritt."* (S. 86)

Jakobs Lügen verschaffen den Menschen eine denkbare Zukunft, die ihr Verhalten in der Gegenwart beeinflusst: *„(...) die Selbstmordziffern sinken auf Null."* (ebd.)

RAUM

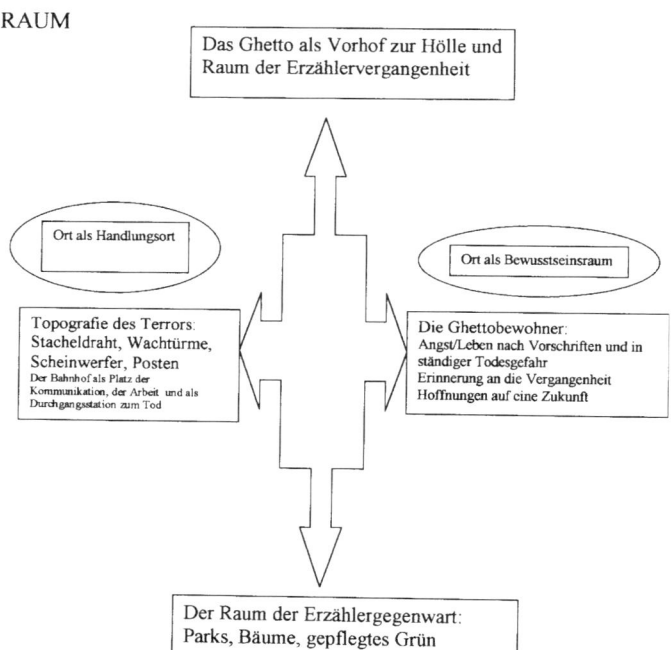

Das Ghetto als Vorhof zur Hölle und Raum der Erzählervergangenheit

Ort als Handlungsort

Ort als Bewusstseinsraum

Topografie des Terrors: Stacheldraht, Wachtürme, Scheinwerfer, Posten
Der Bahnhof als Platz der Kommunikation, der Arbeit und als Durchgangsstation zum Tod

Die Ghettobewohner: Angst/Leben nach Vorschriften und in ständiger Todesgefahr
Erinnerung an die Vergangenheit
Hoffnungen auf eine Zukunft

Der Raum der Erzählergegenwart: Parks, Bäume, gepflegtes Grün

2.3.3 Die Symbolik des Baums und das Märchenmotiv

> *Was sind das für Zeiten, wo*
> *Ein Gespräch über Bäume fast ein Verbrechen ist.*
> *Weil es ein Schweigen über so viele Untaten*
> *einschließt.*
> Bertolt Brecht, *An die Nachgeborenen* (1933)[21]

Am Beginn von Jurek Beckers Roman stehen die Äußerungen des Erzählers über Bäume; sie wecken Erinnerungen an jene drei Zeilen aus Bertolt Brechts Gedicht *An die Nachgeborenen*, geschrieben 1933, oder, wie es in der sechsten Strophe des Gedichtes heißt, in „finsteren Zeiten", zu Beginn der faschistischen Diktatur in Deutschland nämlich. Des Erzählers Gedanken über Bäume, geäußert in der Erzählergegenwart, führen mitten hinein in diese finsteren Zeiten, denn von all den Einschränkungen, Vorschriften und Bestimmungen, die den Alltag im Ghetto diktieren, findet der Erzähler die „Verordnung Nr. 31", das | **Das Verbot von Bäumen** | Verbot von Zier- und Nutzpflanzen sowie Bäumen gleichermaßen erwähnenswert wie unverständlich: *„Aber warum verbieten sie uns Bäume ?"* (S. 11)

Das Interesse des Erzählers an Bäumen lässt sich aus seiner Biografie herleiten: im Alter von neun Jahren ist er von einem Apfelbaum gefallen und kann seitdem mit den Fingern der linken Hand *„ein paar diffizile Bewegungen"* (S. 9) nicht mehr ausführen, | **Die Bäume und die Biografie des Erzählers** | was auch den Plänen (der Eltern) ein Ende gesetzt hat, nach denen der Erzähler Geiger werden sollte. Unter einer Buche hat der Erzähler zum ersten Mal mit einem Mädchen gelegen und ist *„ein richtiger Mann geworden."* (S. 288)

---

21 zitiert nach Edgar Neis, *Politisch-soziale Zeitgedichte*, Hollfeld 1978, S. 85

Und unter einem Baum ist seine Frau Chana erschossen worden (siehe S. 10). Er hat davon nur gehört, war beim Tod seiner

Ein traumatisches Erlebnis

Frau also nicht anwesend. Wenn er an diesen einen Baum, dessen Art er nicht nennen kann, denkt, dann *„verklären"* sich seine Augen (ebd.). Das Verbot von Bäumen im Ghetto ist für den Erzähler also nicht eine Verordnung wie tausend andere auch, sondern mit einem besonders schmerzhaften Moment seines Lebens verbunden (Verlust der Frau, ohne dass er ihr beistehen konnte).

Das vom Erzähler zu Beginn eingeführte Symbol des Baumes ist ein polyfunktionales Textelement, denn es entfaltet im Roman ein Bedeutungsgeflecht auf verschiedenen Ebenen, die miteinander verwoben sind.

Bäume und Figurenzeichnung: Jakob und Figurennamen

Auf der Ebene der Figurenzeichnung dient der Vergleich mit einem Baum dem Erzähler dazu, uns eine erste Vorstellung von Jakob zu verschaffen. Jakob erinnert den Erzähler in *„keiner Weise an einen Baum"*; denn Jakob ist niemand, von dem man sagen könnte, er sei *„ein Kerl wie ein Baum"* (S. 11). Jakob ist also, von seinem Erscheinungsbild her, niemand, von dem man, dem Klischee folgend, heldischen Mut erwarten würde. Dennoch wird er zum Helden, nämlich ein Held, der Hoffnung und Freude bereitet, so dass der Erzähler einmal sagt:

> *„Wenn ich damals gewusst hätte, was du alles kannst, ich wäre zu dir gekommen und hätte dich gebeten, mir einen Baum zu zeigen."*

Doch nicht nur mit Jakob verknüpft der Erzähler die Baumsymbolik. In die Namen einiger anderer Figuren spielt diese Symbolik hinein: die Geschwister Kirschbaum, die Brüder Schtamm, der Gestapochef Hardtloff(= Hardtlaub). Über den

Verweis auf den Ort seiner ersten Liebe holt der Erzähler einen literarischen Topos in seine Geschichte, die Verbindung von Liebe und Natur bzw. Liebe in der (freien) Natur. Das Liebeserlebnis des

Baum als literarischer Topos

Erzählers findet unter einer Buche statt; bei Walther von der Vogelweide ist der Ort der Liebe bereits im Titel des Gedichtes *Unter der Linde* genannt, bei Brecht *(Erinnerung an die Marie A.)* ist es der Pflaumenbaum, der am Ort der Liebe wächst. Wenn der Erzähler die Frage aufwirft, warum im Ghetto ausgerechnet Bäume verboten seien, so liegt die Antwort auch in der symbolischen Bedeutung von Bäumen überhaupt. Wir verbinden Bäume u.a. mit Hoffnung und Wünschen, die – wie Bäume – in den Himmel wachsen können (in Hiob 14/7 findet man: „Denn ein Baum hat Hoffnung, auch wenn er abgehauen ist; er kann wieder ausschlagen ...“). Wir sehen in Bäumen Symbole für das Leben überhaupt (in 1. Mose 3/22 lesen

Baumsymbolik

wir vom „Baum des Lebens“). Und wir kennen den „Baum der Erkenntnis“ (siehe 1. Mose 2/17). Doch nicht nur im religiösen Kontext des Alten Testamentes, aus dem die genannten Beispiele stammen, finden sich die Baumsymbolik. Auch in anderen Kulturen ist der Baum eng verknüpft mit dem menschlichen Leben und hat zugleich religiöse bzw. mythische Qualität. In den Mythen der Sioux-Indianer gibt es den Weltenbaum, unter dessen Zweigen die Menschen wohnen, und bei den Mayas ist die Ceiba, der heilige Baumwollbaum, Mittelpunkt des Dorfplatzes und zugleich Mutterbaum der Menschheit und kosmisches Symbol.[22]

Die Baumsymbolik hat daneben aber auch eine strukturelle Funktion für das Erzählen. Über Bäume, besonders den einen, unter dem

Der Baum als Strukturelement

---

22 siehe hierzu Bauer, Dümotz, Golowin, *Lexikon der Symbole*, Wiesbaden 1998, S. 97

seine Frau erschossen worden ist, sind Erzählervergangenheit und Erzählergegenwart miteinander verbunden. Die Bäume der Erzählergegenwart laden den Erzähler zu Erinnerungen ein; mit dem Blick auf sie, die er nun wieder vor seiner Wohnung hat, fällt auch der Blick auf die Vergangenheit, drängt es den Erzähler zum Erzählen. Allerdings hält der Erzähler fest:

> *„Aber wenn er mir in die Augen sieht, der Baum, um nachzuschauen, ob sie sich verklären, dann muss ich ihn enttäuschen, denn er ist es nicht.“* (S. 28; gemeint ist der Baum, unter dem die Frau des Erzählers erschossen worden ist, den er aber nur vom Hörensagen kennt, vergl. S. 10)

Mit dem Hinweis auf die Bäume, mit dem der Roman beginnt, endet er auch; aber am Schluss des Romans sitzen der Erzähler, Jakob und andere im Waggon, der Richtung KZ fährt. Jetzt, auf dem Weg in den Tod, sehen sie, entlang der Wegstrecke, seit langer Zeit wieder Bäume. Die Symbole des Lebens begleiten die Fahrt in den Tod und werden so zu Zeichen für unseren Lebensweg überhaupt. Leben, Überleben und Tod sind miteinander verbunden. Was der Erzähler über die Fahrt im Waggon sagt, gilt wohl auch für die Erzählergegenwart. Der Erzähler gehört zu den Überlebenden, und nun werfen die Bäume (aus der Vergangenheit) ihre Schatten in die Gegenwart:

> *„Denn ich sehe noch die Schatten von Bäumen, und schlafen kann ich nicht, wir fahren, wohin wir fahren.“* (S. 288)

Die Wolke – Symbol und Imagination

Ein weiteres Natursymbol, nämlich die Wolke, ist Teil des Märchens, das Jakob zum Abschluss seiner dreiteiligen Radiosendung erzählt. Im „Märchen von der kranken Prinzessin“ will eine Prinzessin erst dann wieder gesund werden, wenn sie eine richtige Wolke bekommt. Einen Gärtnerjungen lässt die Prinzessin auf seine Frage hin wissen, dass Wolken aus Watte bestünden und die Größe von Kopfkissen hätten. Als der Gärtnerjunge ihr dann eine Wolke aus Watte bringt, wird sie wieder gesund (siehe S. 175–178). Später, schon im Waggon, erklärt Jakob Lina, warum die Prinzessin im Märchen gesund geworden ist: Nicht, weil Wolken wirklich aus Watte sind, sondern weil die Prinzessin glaubte, sie seien aus Watte. Die Wattewolke im Märchen konnte nur deshalb ihre Kraft entfalten, weil die Prinzessin dachte, Wolken seien aus Watte (siehe S. 285 ff). Auch Wolken wecken zahlreiche Assoziationen (Freiheit, aber auch Flüchtigkeit, Erhabenheit, aber auch Vergänglichkeit und Veränderung), auch Wolken rufen literarische Kontexte ab („Eilende Wolken! Segler der Lüfte", Schiller, *Maria Stuart* III/1; das lyrische Ich in Brechts *Erinnerungen an die Marie. A.* erinnert sich an das Gesicht der Marie A. nur über die Erinnerung an eine Wolke). Im Zusammenhang mit der „Radiolüge" versinnbildlicht die Wolke im Märchen die Kraft der Fantasie und des Glaubens (hier nicht im religiösen Sinne gemeint). Weil die Ghettobewohner Jakobs Lügen Glauben schenken und sie für wahr halten, enfalten diese Lügen, Produkte der Fantasie, ihre Wirkungsmacht in der Realität. Sie verändern, zumindest auf Zeit, die Realität, weil sie die Menschen und ihr Handeln beeinflussen. Wie die Prinzessin im Märchen gesundet, weil sie die Wolke aus Watte für eine reale Wolke hält, schöpfen die Menschen im Ghetto Hoffnung, weil Jakobs Lügen eine andere Wirklichkeit imaginieren, die die Ghettobewohner aber als Realität nehmen. Unter dem wachsenden Druck der SS, dem vermehrten Terror, der – mit den Räumungen – Straße für Straße vordringt, verliert die Fantasie aber ihre Kraft, weil die Menschen den Glauben daran verlieren. An Rosa Frankfurter macht der Erzähler das deutlich. Auf die Frage Linas, warum sie sich denn nicht freue über das, was Jakob zu berichten habe, antwortet Rosa: *„Weil ich nicht daran glaube."* (S. 243) Und auch Jakob muss schließlich vor der Wirklichkeit kapitulieren. Als er, erneut entschlossen, den Menschen weiter *Trost* zu geben (S. 279), zum Bahnhof kommt, ist dort das Tor veschlossen und mit der Aufforderung versehen, sich zum Abmarsch noch zur Mittagszeit dieses Tages bereit zu machen. Mit einer neuen frohen Botschaft über den Vormarsch der Russen ist nun niemandem mehr gedient:

Nutzlose Lügen: das Zerbrechen der Fantasie

„Es lohnt nicht. Nach einer Ewigkeit dreht Jakob sich um, präsentiert uns zwei leere Augen, und im gleichen Augenblick erkennt auch der Dümmste, dass alle Seligkeit verspielt ist." (S. 279)

Jakob kommt sich vor, wie ein *„Spaßmacher, der im entscheidenden Moment seinen Text vergessen hat."* (S. 280) Die Imagination konnte die Wirklichkeit eine Zeit lang überlisten, sie aber nicht

Die Kraft der Fantasie

besiegen; die Lüge konnte helfende Kraft entfalten, aber angesichts des Terrors kann sie kraftlos werden. Mischa muss das einsehen, als er Rosa einreden will, ihre Eltern seien vielleicht nicht unter den Deportierten gewesen: *„Er weiß, wie lächerlich das ist, nach drei Worten merkt er, wie nutzlos er lügt (...)."* (S. 235)

2.3.4 Das ordentliche und das nichtswürdige Ende

Das zweifache Ende

Die Imagination, die Kraft der Fantasie kann an der Wirklichkeit zerschellen, das muss Jakob erkennen. Der Erzähler präsentiert zwei Romanausgänge. Der eine wird der (historischen) Wirklichkeit gerecht; aber dieses wirklichkeitsgetreue Ende ist, wie der Erzähler sagt, *blasswangig, verdrießlich* und *einfallslos* (S. 277), es ist *„hässlich"* (S. 263). Dieses *nichtswürdige* Ende (S. 262) zeigt Jakob, den Erzähler und andere Bewohner des Ghettos auf dem Weg in ein Vernichtungslager. Das andere Ende, *„bei dem man blass werden könnte vor Neid, nicht eben glücklich, ein wenig auf Kosten Jakobs, dennoch unvergleichlich gelungener als das wirkliche Ende"*, mündet in die Befreiung des Ghettos durch die Rote Armee, die just in dem Moment mit ihrem Angriff beginnt, als Jakob bei dem Versuch erschossen wird, den Zaun zu durchschneiden, der das Ghetto umgibt. Jurek Becker hat zu diesem doppelten Ende gesagt:

> *„Ich muss jetzt so tun, als ob ich mich an die Motive genau erinnere, obwohl*

Jurek Beckers Stellungnahme

> *das Buch vor über 20 Jahren geschrieben wurde. Die zwei Schlüsse haben zum einen mit der Logik des Geschichtenerzählens zu tun. Hier erzählt ein Ich eine Geschichte, die es nur partiell kennt und deren Lücken es mit seiner Fantasie ausfüllt. Das geschieht das ganze Buch über. Der Erzähler versucht, hinter eine Geschichte zu kommen, und sein einziges Geländer, an dem er sich halten kann, ist die Wahrscheinlichkeit. Was das Ende angeht, so steht es im Grunde als einziges in der Geschichte fest, denn man weiß, was das Schicksal von Juden im Krieg gewesen ist. Aber zu der schönen Geschichte, die er sich da zum Teil ausgedacht hat, will es ihm nicht gefallen. Also führt er vor, was für ein Ende er gewählt hätte, wenn er es zu entscheiden gehabt hätte. Ich gebe ja nicht das Bild der Historie, wie sie gewesen ist, sondern ich erzähle eine Story und benutze die Geschichte des Weltkrieges auf eine Weise, wie ich sie für die Geschichte brauche; aber was dieses Ende angeht, so sind mir gewisse Grenzen gesetzt. (...) Durch die Realität."*[23]

---
23 zitiert nach Arnold, S. 6

Die Realität, von der Becker spricht, ist die Realität der historischen Entwicklung, die dazu führt, dass das Ghetto von Lodz, unter dem Eindruck der heranrückenden Roten Armee und der Landung der Alliierten in der Normandie, auf Befehl Himmlers im Jahre 1944 geräumt wird. Bis auf wenige Hundert Ghettobewohner, die in Lodz bleiben, um dort noch Arbeiten zu verrichten (sog. „Aufräumkommando"), werden alle noch Lebenden nach Auschwitz-Birkenau deportiert. Als die Rote Armee das Ghetto am 19. Januar befreit, haben 870 Menschen den Terror, die Entbehrungen, die Krankenheit, den Hunger und die Not überlebt.

Realität und Fiktion Die Erzählerfigur des Romans trägt dieser historischen Entwicklung durch das zweite Ende Rechnung. Hier tritt der Erzähler als Chronist auf, in dem er seine Figuren in den historischen Rahmen der Wirklichkeit setzt: Jakob, Lina, der Erzähler und andere Ghettobewohner sitzen im Waggon und werden deportiert, einer für sie noch ungewissen, für fast von alle von ihnen aber den Tod bedeutenden Zukunft entgegen. Der Erzähler nimmt dabei nicht einen Standpunkt ein, der durch das Wissen der historischen Erfahrung geprägt ist, schildert also nicht vom Jetzt-Standpunkt aus, sondern erzählt die Fahrt aus der Perspektive seines damaligen Bewusstseins („wir fahren, wohin wir fahren", S. 288) und fingiert zugleich Authentizität („das wirkliche (...) Ende", S. 277). Da wir um die historische Wirklichkeit wissen, in der diese ungewisse Zukunft der Menschen im Waggon in den Gaskammern von Auschwitz endet, muss der Erzähler diese Ende nicht einmal erzählen, denn die Leser (bzw. Hörer) seiner Geschichte kennen dieses Ende und können es selber schreiben.

Das erste Ende verteidigt das Recht auf Fiktionalität und macht zugleich noch einmal deutlich, was der Erzähler des Romans betont:

> *„Immerhin erzähle ich die Geschichte, nicht er, Jakob ist tot, und außerdem erzähle ich nicht seine Geschichte, sondern eine Geschichte."* (S. 46)

Die Spielräume des Erzählers

Innerhalb des historischen Rahmens, der unveränderbar ist, nutzt der Erzähler seine Spielräume, um der Wirklichkeit einen Möglichkeitsentwurf gegenüberzustellen. Dem Chronisten gibt er den Erzähler von Geschichten an die Seite, der die Fakten nicht verkennt, dessen autonome Gestaltungskraft aber das Wünschbare schildert. Mit den beiden Enden nähert sich der Erzähler zugleich seiner Hauptfigur an. Denn wie Jakob dem schrecklichen Alltag im Ghetto seine Geschichten entgegensetzt, die vom Wünschbaren erzählen, so stellt der Erzähler dem Faktischen die Fiktion eines besseren Endes gegenüber.

Jakob und der Erzähler

> *„Die strukturelle Homologie im Verhalten von Figur und Erzähler fällt auf. Gerade gegenüber der brutalen Übermacht wird ein Raum der eigenen Entscheidung und Abstandnahme aufgemacht."*[24]

Der Roman gerät somit auch zu einer Parabel über die Kraft der Fantasie, über das Verhältnis von Fiktion und Realität, über die Möglichkeiten und Grenzen des Erzählens überhaupt.

---

24 Manfred Karnick, *Die Geschichte von Jakob und Jakobs Geschichten*, zitiert nach Heidelberger-Leonard (Materialien), S. 215

2.4   Personenkonstellation und Charakteristiken

Entpersönlichung im Ghetto
Im Ghetto von Lodz lebten im Juni 1940 rund 160 000 Menschen, zusammengepfercht auf etwas mehr als vier Quadratkilometern. Viele der Regeln, Verordnungen und Bestimmungen, denen die jüdischen Bewohner unterworfen waren, zielten darauf ab, sie zu entindividualisieren, ihnen ihre unverwechselbare Persönlichkeit zu nehmen. Aus Menschen sollte eine Masse werden, ein Heer von Ghettobewohnern, gekennzeichnet durch den Stern und lebend im Schatten des Todes. Jurek Beckers Roman setzt dem die (notwendige) Auswahl von Figuren gegenüber, die der Anonymität entrissen werden, die den hundertausend Menschen aus dem Ghetto individuelle Züge, einen Namen, ein Gesicht und menschliche Schwächen und Stärken geben. Wie die Straßennamen,

Fiktive Gestaltung des Schicksals Einzelner
die im Roman auftauchen, sowie einige topografische Details eindeutig fiktiv sind und doch Authentizität transportieren, so geht es bei den Figuren nicht darum, die historisch exakte Spur von Biografien in den Figuren abzubilden, sondern das Schicksal von vielen anhand der fiktiven Gestaltung des Schicksals von Einzelnen zu beleuchten. Wenn Jean-Paul Satre einmal gesagt hat: „Ein Toter ist ein Unglück, tausende Tote sind eine Zahl",[25] dann führt Beckers Verfahren dazu, dass wir nicht der Mystifikation von Zahlen erliegen, hinter deren Gesamtgröße der Einzelne als anonymisierte Teilgröße verschwindet.

Zwei Gruppen von Figuren stehen sich im Roman gegenüber: die Gruppe der Ghettobewohner und die Gruppe ihrer Peiniger. Letztere ist kleiner, aber – was entscheidender ist – konturloser gezeichnet, eher typisiert und weniger charakterisiert.

---

25   zitiert nach J., S. 328

Der Erzähler

Der Erzähler gehört zur Gruppe der Ghettobewohner, aber über das erlebende Ich der Vergangenheit erfahren

Der Erzähler als Teil des Kollektivs

wir relativ wenig; gelegentlich wird deutlich, dass der Erzähler Teil des Geschehens ist (*„Dann ist es wieder Tag, endlich wieder Tag, wir laufen auf dem Güterbahnhof kreuz und quer mit unseren Kisten..."*, S. 70). Doch macht es insgesamt den Eindruck, als sei der Erzähler eher eine Randfigur, deshalb betont er auch immer wieder seine Quellen – er schildert eben nicht alles aus eigenem Erleben. Entscheidend ist deshalb, wenn der Erzähler das kollektive WIR benutzt, nicht die Teilnahme am Geschehen überhaupt, sondern die Betonung der Zugehörigkeit zum Kollektiv der Opfer. Näheren Kontakt zu Jakob bekommt der Erzähler erst über Lina, mit der er im Waggon Freundschaft schließt. Dies ist der Anlass für Jakob, ausgerechnet dem Erzähler die Geschichte zu erzählen,

> *„...ausgerechnet mir. Denn dass ich als einer von wenigen überlebe, steht nicht in meinem Gesicht geschrieben."* (S. 287)

Der Erzähler der Erzählergegenwart gewährt uns mehr Einblicke in sein

Der Erzähler in der Gegenwart

Leben, in seine Gedanken und seine Gefühlswelt. Er teilt uns mit, dass er „21" geboren ist, mithin als ein junger Mann in den Zwanzigern im Ghetto lebt. Wir wissen von ihm, dass er aufgrund des Sturzes vom Baum die Finger der linken Hand nicht mehr gut bewegen kann und, ein entscheidender Moment seiner Biografie, dass seine Frau Chana unter einem Baum erschossen worden ist. Die näheren Umstände werden nicht erwähnt, der Erzähler selbst hat den Vorgang, bei dem er nicht anwesend war, erzählt bekommen. In einem existenziellen Punkt teilt er das Schicksal seiner Leidensgenossen nicht: Er hat das Ghetto, die Deportation und das Konzentrationslager überlebt. Deshalb kann er Zeugnis ablegen, deshalb kann er erzählen. Und deshalb muss er immer wieder die Geschichte erzählen:

> *„Ich habe schon tausendmal versucht, diese verfluchte Geschichte loszuwerden, immer vergebens. (...) Jedesmal, wenn ich ein paar Schnäpse getrunken habe, ist sie da, ich kann mich nicht dagegen wehren."* (S. 11)

Das Erzählen als Erinnerungsprozess

Und das Erzählen ist sein Weg, mit den Erinnerungen, den Schmerzen und dem Leid fertig zu werden. Er lebt in der Gegenwart des Deutschlands der Nachkriegszeit, und sein Drang, seine Geschichte loszuwerden, trifft hier auf eine nur geringe Bereitschaft zuzuhören, von ihm in das Bild vom Kuchen gefasst:

> *„Ein paar Worte nur über fragwürdige Erinnerungen, ein paar Worte über das flinke Leben, wir wollen einen schnellen Kuchen backen mit bescheidenen Zutaten, nur ein Stückchen davon essen und den Teller wieder zur Seite schieben, bevor uns der Appetit auf anderes genommen ist."* (S. 26)

Die *„Schatten von Bäumen"* (S. 288), die er, im Waggon stehend, nachts auf der Fahrt ins Konzentrationslager trotz der Dunkelheit sieht, ist er in der Gegenwart nicht losgeworden. Im Gegensatz zu anderen konnte und kann er nicht vergessen. Deshalb ist er, nach dem Ende des Krieges, während seines ersten Urlaubs in *„unser Ghetto"* gefahren, obwohl seine Bekannten ihm *„abgeraten"* haben (S. 212). Vor Ort hat er Jakobs und Mischas Zimmer aufgesucht, *„angesehen, gemessen, geprüft oder einfach bloß angesehen"* (ebd.). Er hat sich die Adresse des SS-Mannes Preuß besorgt, der, wie er selbst, in Berlin lebt und mittlerweile als „entnazifiziert" gilt, und hat ihn, den Mittäter, nach dem Schicksal Professor Kirschbaums befragt, um eine Lücke in seinem Wissen um die Ereignisse zu schließen. Das Erzählen ist ihm ein inneres Bedürfnis, eine Form der Bewältigung der unfassbaren Ereignisse und der fast noch unfassbareren Tatsache, dass ausgerechnet er überlebt hat. Auf die Frage, welche Haltung er gegenüber dem sogenann-

surviver syndrome

ten „survivor syndrome", dem Syndrom der Überlebenden habe, hat Jurek Becker einmal gesagt, ihm sei dieses Syndrom nicht sehr oft begegnet und er sei in den seltensten Fällen davon beeindruckt gewesen, dennoch

> „(...) verstehe (er) theoretisch sehr wohl ein Schuldgefühl, das sich daraus ergibt, im Unterschied zu anderen überlebt zu haben. Und dass aus diesem Unterschied mit der Zeit das Gefühl wird, auf Kosten der anderen überlebt zu haben." [26]

Ob der Erzähler dieses Schuldgefühl entwickelt hat, mag zweitrangig sein; die Erlebnisse zu vergessen, vermag er jedenfalls nicht, an sie zu erinnern ist ihm ein Bedürfnis. Der Zwang zum Erzählen der Geschichte hat, so der Erzähler, auch etwas damit zu tun, dass es im Ghetto von Lodz – ganz im Gegensatz zum Warschauer Ghetto und etwa zum KZ Buchenwald – keinen organisierten Wider-

Der fehlende Widerstand

stand gegeben hat. Er macht sich Vorwürfe, stillgehalten zu haben bis zum Ende, keinen Beitrag zur eigenen Befreiung geleistet zu haben. Dies empfindet der Erzähler der Erzählergegenwart als Versagen. Und deshalb sagt er:

> „Wahrscheinlich werde ich nicht damit fertig, ich habe es nicht besser verdient, mein ganzer privater Kram mit den Bäumen hat sicher damit zu tun und meine schlimme Rührseligkeit und

---

26 zitiert nach Heidelberger-Leonard (Materialien), S. 95

die Freigebigkeit meiner Tränensäcke. Es hat dort, wo ich war, keinen Widerstand gegeben." (S. 102; siehe hierzu auch weiter in 2.7)

Der auktoriale Ich-Erzähler, der sich an die Leser und an die Figuren wenden kann, wechselt häufig in die personale Perspektive, schildert die Ereignisse also aus der Sicht der Figuren, zumeist aus der Sicht Jakobs. Immer wieder, vermehrt in der zweiten Hälfte des Romans, betont er, dass er erzählt, unterstreicht die Fiktionalität seiner Geschichte. Besonders deutlich wird dieses Beharren auf der Fiktionalität des Dargebotenen durch die zwei Enden.

Jakob

Lüge und Zufall

Jakob ist die Zentralfigur des Romans; nur durch einen Zufall wird er zum Helden, denn als Zufall muss es gelten, dass er das Revier, auf das er geschickt wird, wieder lebend verlässt. Seine erste Lüge ist der Rettungsaktion für Mischa und Jakobs Erklärungsnot geschuldet; Mischa glaubt die Wahrheit, den Hinweis auf die näher rückende Rote Armee, die Jakob ja tatsächlich aus dem Radio hat, zunächst nicht. Da Jakob der Überzeugung ist, die Wahrheit, nämlich dass er die Meldung auf dem Revier gehört hat und dieses lebend verlassen konnte, werde ihm nicht geglaubt oder stempele ihn zum Kollaborateur ab, greift er zur Lüge die – ein Paradoxon – als Wahrheit genommen wird. Nicht obwohl, sondern gerade weil Radios im Ghetto verboten sind, scheint es Mischa für glaubwürdig zu halten, dass Jakob im Besitz eines solchen Gerätes ist. Die Wirkung dieser ersten, aus der Not geborenen Lüge fasst der Erzähler in ein Bild:

„(...) Jakob hat geschossen und ins Herz getroffen. Ein Glücks-schuss, von der Hüfte und ohne richtig gezielt zu haben." (S. 34)

Dieser „Glücksschuss" ist ein doppelter: er ist zunächst ein Glücksschuss, weil er die gewünschte Reaktion zeitigt (Mischa ist so verblüfft, dass er sein gefährliches Vorhaben, den Kartoffeldiebstahl, aufgibt). Er ist aber auch ein Glücksschuss, weil er dazu führt, dass Mischa schlagartig Hoffnung bekommt (er *„lächelt glücklich"*, ebd.). Jakob ist froh darüber, Mischa von seinem Vorhaben abgehalten zu haben, gleichwohl ist er *„wütender als vorhin"*, denn er *„ist gezwungen worden, verantwortungslose Behauptungen in die Welt zu setzen"* (ebd.). Zugleich gehen aber auch in Jakob selbst Veränderungen vor. Er nimmt nun seine Umgebung mit geschärften Sinnen wahr, auch er denkt plötzlich an eine Zukunft:

„Die teilnahmslose Verzweiflung hat die Aufregungen der letzten Nacht nicht überlebt, nichts mehr von der Dumpfheit, es ist jetzt, als müsste man sich alles genau einprägen, um hinterher darüber berichten zu können. Hinterher." (S. 38)[27]

Lüge und Hoffnung

Jakob muss feststellen, dass sich schnell herumspricht, er sei im Besitz eines Radios. Und er muss auch feststellen, dass seine Lüge den Menschen Hoffnung gibt, Hoffnung auf eine Zeit, in der das Leben lebenswert ist, weil es von Normalität gekennzeichnet ist:

„Alte Schulden beginnen eine Rolle zu spielen, verlegen werden sie angemahnt, Töchter verwandeln sich in Bräute, in der Woche vor dem Neujahrsfest soll Hochzeit gehalten werden, die Leute sind vollkommen verrückt, die Selbstmordziffern sinken auf Null." (S. 86)

---

27 Der Erzähler übernimmt den Part, den Jakob selbst nicht mehr übernehmen kann: Er berichtet „hinterher", also nach dem Ende des Krieges und der Befreiung von der NS-Diktatur.

Anhand dieser positiven Auswirkungen von Jakobs Lügen wird deutlich, dass der sowohl in juristischen als auch in religiösen Kontexten sowie im menschlichen Umgang miteinander eigentlich negativ bewertete Vorgang des Lügens ins Positive umgewertet wird.[28] Jakobs Lügen machen einen Teil seines Heldentums aus. Dass er ein Lügner ist, wird zum positiven Bestandteil seines Namens: Er ist nicht Jakob, der lügt, sondern Jakob der Lügner. Jakob steht durchaus auch in der Tradition literarischer Lügenbolde (Münchausen, Felix Krull), aber die Bedeutung seiner Lügen und ihrer positiven Bewertung ist erst im geschichtlichen Kontext wirklich zu erfassen. Jakob lügt in einer Zeit, in der die Lüge als Element demagogischer Reden, der Presseartikel und öffentlichen Ansprachen elementarster Bestandteil der politischen Propaganda des Nazisystems war. Gegen diese öffentlichen Lügen, die dazu dienen, verbrecherische Maßnahmen umzudeuten und diese zu legitimieren, setzt Jakob seine privaten Lügen, die Hoffnung bereiten sollen – es sind frohe Botschaften in einer Zeit der Dunkelheit! In diesem Zusammenhang ist es nicht ganz zufällig, dass die Quelle von Jakobs Wissen ein Radio ist. Das Radio, der „Volksempfänger", war eines der wichtigsten technischen Hilfsmittel der Propaganda des Hitlersystems. Jakob wendet dieses Mittel gegen die Unterdrücker und Verfälscher der Wahrheit.

Obwohl Jakob mit Freude registriert, dass seine Lügen den Menschen Hoffnungen geben, registriert er natürlich auch, dass viele Ghettobewohner eine Gefahr darin sehen, dass er (angeblich) ein Radio hat (an der Spitze dieser Partei steht Herr Frankfurter). Immer wieder hat er deshalb Zweifel an

Umwertung des Lügens

Private Lügen gegen öffentliche Propaganda

---

28 In der Forderung, kein falsches Zeugnis wider den Nächsten abzulegen, ist das Verbot der Lüge Teil des christlichen Dekalogs geworden.

seinem Tun. Diese Zweifel werden
erst nach dem Tod Herschel Schtamms
Lüge als Strategie
geringer und weichen einer Strategie der Lüge, die nun gezielt, geplant und in großem Stil eingesetzt wird. Jakob kommt zu der Erkenntnis:

> „(...) ein Lügner mit Gewissensbissen wird sein Leben lang ein Stümper bleiben. In dieser Branche sind Zurückhaltung und falsche Scham nicht angebracht (...)." (S. 154)

Eine erneute Wendung nimmt seine Einstellung, als er merken muss, dass die Deportationen immer weitergehen, dass das Verbreiten von Hoffnung in einem chancenlosen Wettlauf mit der Wirklichkeit steht. Der Selbstmord Kowalskis, dem er gesteht, dass er kein Radio besitzt, führt ihm noch einmal vor Augen, welche Bedeutung seine Lügen hatten. Der Erzähler sagt zu Jakob, der sich mit Selbstvorwürfen überhäuft: *„Nicht du bist schuld an Kowalskis Tod, sondern er hatte es dir zu verdanken, dass er bis zu diesem Tag gelebt hat."* (S. 262)

Es sind diese Zweifel, diese Selbstzweifel und Selbstvorwürfe, die einen
Das Heldentum Jakobs
Teil des Heldentums Jakobs ausmachen, eines Mannes, der – wie alle anderen – Angst hat, der eben kein Kerl wie ein Baum ist, der sich eigentlich kaum von den anderen unterscheidet (vergl. S. 11), aber ein guter Erzähler von Geschichten ist. Jakob wird auch dadurch zum Helden, dass er einen Kampf besteht, der mit Einsamkeit und Isolation, mit Anfeindungen und Vorwürfen verbunden ist, vorgetragen von denjenigen, die in dem (vermeintlichen) Vorhandensein des Radios eine große Gefahr für alle Bewohner des Ghettos sehen.

Wenn Jakob eher durch einen Zufall in die Heldenrolle gekommen ist, so bleibt zu klären, warum er diese Rolle überhaupt annimmt und ausfüllen kann. Wieso kann der kleine

Ladenbesitzer, der mit Kartoffelpuffern und Eis gehandelt hat, plötzlich mit Hoffnungen und Geschichten handeln? Der Erzähler verdeutlicht uns, dass Jakob über etliche Qualitäten verfügt, die ihn vor anderen auszeichnet. Jakob ist ein mutiger, fürsorglicher und hilfsbereiter Mann, denn er versteckt **Lina,** deren Eltern deportiert worden sind, weil der Vater eine Jacke ohne Judenstern angezogen hatte. Ohne Jakobs Hilfe hätte Lina keine Überlebenschance im Ghetto; sie würde verhungern oder – falls sie entdeckt würde – ebenfalls deportiert und im KZ getötet werden. Mit Geduld und Liebe kümmert er sich um Lina, die er wie eine eigene Tochter angenommen hat, wobei er für sich selbst das Risiko der Deportation und des Todes in Kauf nimmt. Auch der erste Hinweis auf die herannahenden Russen und die folgende Radiolüge erfolgen aus Fürsorglichkeit, nämlich um Mischas Leben zu retten. Sein Verhalten gegenüber Lina und Mischa macht deutlich, dass Jakob Verantwortung für seine Mitmenschen fühlt und wahrnimmt. Offensichtlich war er auch in der Zeit vor dem Ghetto ein Mensch, der anderen zugehört und Trost gespendet hat, denn Kowalski sagt über Jakob, er sei so *„etwas Ähnliches wie ein Seelentröster"* gewesen, man sei zu ihm gegangen, *„um sich die eigenen Schwachheiten austreiben zu lassen"*, und wenn man von ihm weggegangen sei, habe die Welt *„ein kleines bisschen rosiger"* ausgesehen, weil er *„eine Kleinigkeit überzeugender als andere ‚Kopf hoch' sagen konnte"* (S. 254 f.).

Jakob ist begabt mit Fantasie – und diese Fantasie hatte er sich trotz (oder gerade wegen) der schrecklichen Zeit, in der nun lebt, bewahrt. Dies wird vor allem deutlich, als er, um Lina das Radio vorzuführen, selber zum Radio wird, ein Interview mit Churchill

Jakob nimmt Anteil am Schicksal anderer

Jakob der Seelentröster

Die Fantasie Jakobs

simuliert, ein gesamtes Orchester nachahmt, dabei, wie der Erzähler sagt, *„ein Stück Musikgeschichte"* (S. 173) schreibt und schließlich Lina mit dem Märchen von der kranken Prinzessin verzaubert. Für einen magischen Moment verwandelt der kleine Kartoffelpuffer- und Eisverkäufer einen dunklen und engen Keller voller Staub und Gerümpel in eine luftige und weite Welt, in einen hellen Ort ohne Grenzen, in dem die Angst durch Freude, Glück und Zufriedenheit verdrängt ist.[29] Das, was Jakob bewirken kann, findet seinen programmatischen Ausdruck bereits in seinem Namen.

Heym kann, in Anlehnung an die hebräische Lautung, auch CHAIM geschrieben werden; dann ist Jakobs Nachname mit „Leben" zu übersetzen. Sprechen wir seinen Nachnamen wie „Heim" aus, können wir Geborgenheit, Sicherheit, Wärme, Vertrautheit und Nähe zu den Eigenen mit seinem Namen assoziieren. In der Bibel ist Jakob der spätere Israel: Auch sein Vorname steht also, im überindividuellen Sinne, für Heimat und das Angekommensein in der Kommunikationsgemeinschaft des (jüdischen) Kollektivs.[30] Diese Gemeinschaft hat der Erzähler noch nicht gefunden.

> Jakob Heym – ein sprechender Name

Kowalski

Kowalski und Jakob kennen sich seit vierzig Jahren; sie sind Nachbarn und Freunde, was aber Streit und Zänkereien, kleine Nickeligkeiten und gelegentliche Missgestimmt-

> Jakobs Freund, Nachbar und Lebensretter

---

29 Jakob will mit diesem Spiel nicht nur Lina eine Freude machen; das Spiel hat auch für ihn eine Entlastungsfunktion. Er sagt gegenüber dem Erzähler, dass Lina erkannt habe, dass er selbst das Radio gewesen sei. Auf diesem Wege habe er wenigstens einem Menschen damals schon sagen können, dass das Radio in Wirklichkeit nicht existierte (siehe S. 165).
30 Vergl. hierzu Karnick in Heidelberger-Leonard (Materialien), S. 217 f. und J., S. 339

heiten nicht ausschließt. Kowalski kann bis zur Aufdringlichkeit neugierig sein („*Wenn Kowalski was weiß, dann wird er nicht lockerlassen, er kann einen bis aufs Blut quälen.*", S. 43) und den Naivling mit dem unschuldigsten Blick spielen, wenn er etwas wissen will („*Als Jakob ihn ansieht, löffelt er schon wieder, die Hintergedanken noch auf den Backen, aber die unschuldigen Augen mitten in der Suppe.*", S. 42). Kowalski ist kein Heiliger: als Friseur hat er seinen Kunden auch schon mal völlig wirkungslose Mittelchen gegen Haarausfall verabreicht (vergl. S. 75). Als es darauf ankommt, rettet Kowalski Jakob das Leben (die Klosett-Szene, siehe S. 104 ff.), womit Jakob nicht gerechnet hat:

| Ein Mensch mit Fehlern – aber liebenswert | „*Ich danke dir', sagt Jakob mit bewegter Stimme. Bewegt ist schon das richtige Wort, nach vierzig Jahren zum ersten* |

Mal bewegt, man bekommt nicht jeden Tag das Leben gerettet, dazu noch von einem, den man so lange kennt und von dem man es, ganz ehrlich gesprochen, nicht erwartet hätte." (S. 112)

Als Kowalski erfährt, dass es das Radio überhaupt nicht gibt, geht er nach Hause und erhängt sich. Mehr als jeder andere scheint Kowalski die guten Nachrichten gebraucht zu haben. An Kowalski wird exemplarisch deutlich, wie die Figuren gezeichnet sind: es sind Menschen mit Schwächen und Stärken, Tugenden und Lastern, Hoffnungen und Zweifeln, wie Kowalski, der Friseur,

> „*ausstaffiert mit dieser und jener fragwürdigen Eigenschaft, (...) misstrauisch, verschroben, ungeschickt, geschwätzig, obergescheit, wenn man alles zusammenrechnet, im Nachhinein, plötzlich liebenswert (...)*". (S. 261)

Mischa/Rosa

Mischa gehört zu den Gewährsleuten des Erzählers, auch von ihm hat er Informationen bekommen. Mischa ist die erste Person aus dem Umfeld Jakobs, die unmittelbar von einer Lüge Jakobs profitiert, weil er von seinem Vorhaben Abstand nimmt, auf dem Bahnhof Kartoffeln zu stehlen. Zugleich geht mit ihm eine innere Veränderung vor. Er schöpft wieder Mut, wird innerlich befreiter, hat Zukunftshoffnung. Diese Zukunftshoffnung ist es, die ihn dazu bringt, in den düsteren Zeiten des Ghettos bei den Eltern Rosas um deren Hand zu bitten. Den Zweifeln und der Skepsis der Eltern Rosas hält er ein entscheidendes Argument entgegen: *„Jakob Heym hat ein Radio."* (S. 57) Auch Mischa bedient sich der Lüge. Um Rosa dazu zu bringen, bei und mit ihm zu schlafen, behauptet er, sein Mitbewohner Fajngold sei taubstumm – und der Sechzigjährige lässt sich auf die Lüge ein, um Mischa einen Gefallen zu tun. Diese Lüge ist, nach Auffassung des Erzählers, eine solche, die geäußert werden muss, damit jemand (gemeint ist Rosa) *„glücklich sein kann"* (S. 63). An Mischas und Rosas Beziehung wird aber auch deutlich, dass und wie das individuelle Glück, das Jakobs Geschichten zeitweilig hervorrufen, unter dem Gewicht der rauen Wirklichkeit zermalmt wird. Es gelingt ihm, als die Straße, in der die Frankfurters wohnen, geräumt wird, Rosa rechtzeitig zu sich zu holen, aber der Zug der Deportierten, darunter Rosas Eltern, wird genau unter seinem Fenster vorbeigeführt. Damit Rosa ihre Eltern nicht entdeckt, führt er sie vom Fenster weg, hält sie fest, lässt sich von ihr, die sich losmachen will, schlagen und kratzen. Dass Rosa weiß, was da vor sich geht, kann er nicht verhindern. Zwar zieht Rosa bei ihm ein, aber die Unbefangenheit geht verloren, denn Rosa bezichtigt

> Zukunftspläne und Lügen im Alltag

> Verlust der Unbefangenheit

Mischa der Lüge mit den Worten: *„Ihr lügt alle! Ihr redet und redet, und nichts ändert sich!"* (S. 235)

Das Ehepaar Frankfurter

Felix Frankfurter, der Vater Rosas, lebt in Erinnerungen. Er, der einstige Schauspieler, der aber nie bedeutende Rollen gespielt hat, spielt nun sich und seiner Frau ein Stückchen Normalität vor, gibt die Rolle des Künstlers, der den Schal um den Hals geschwungen hat und eine Meerschaumpfeife „trocken" raucht, weil er ja keinen Tabak hat. Einst ein fülliger Mann, haben ihn die Entbehrungen des Ghettoalltags mager werden lassen (siehe S. 49).Unter der Oberfläche der Normalität, die er zu spielen versucht, ist er abgrundtief pessimistisch: *„ Wir alle werden nicht mehr leben, dann ist*

Pessimismus und Angst

alles vorbei. " (S. 53) Seine Frau, vom Erzähler weitaus weniger konturiert, hat sich einen (fast naiv zu nennen) Alltagsoptimismus bewahrt, macht sich deshalb ernsthafte Gedanken, wie ein zukünftiges Kind von Rosa und Mischa wohl heißen könnte, ist ansonsten aber in einer traditionellen Frauenrolle verhaftet:

„Doch Frau Frankfurter sagt nichts dazu, sie lässt ein paar Tränen lautlos auf das Hemd tropfen, sie weiß ja nichts zu sagen, alle wichtigen Fragen hat bis jetzt immer nur ihr Mann entschieden. " (S. 54)

Dass Felix Frankfurter Mischa, den er liebt *„wie den eigenen Sohn"* (ebd.), glaubt, Jakob Heym habe ein Radio, hat seinen Grund darin, dass er selbst im Besitz eines Radiogerätes ist, das er im Keller versteckt hat. Aber er hat von diesem Radio keinen Gebrauch gemacht. Als Mischa und Rosa die Eltern Rosas verlassen, geht er mit seiner Frau in den Keller und zerstört das Radio (siehe S. 62 f.). Rosas Vater ist eine Kontrast-figur zu Jakob; wo dieser durch erfundene Nachrichten Hoff-nung spendet, zerstört Rosas Vater aus Furcht die Quelle für wirkliche Nachrichten. Wo Jakob durch seine Fantasie Denk-räume öffnet, den Menschen eine Zukunft gibt, sieht er im Radio Jakobs lediglich eine Gefahr für die Ghettobewohner.

Herschel Schtamm

Mit dem ehemaligen Diener der Syn-agoge, einem streng gläubigen Juden, **Mut aus Frömmigkeit** sehen wir eine Figur, die zunächst in starkem Kontrast zu Jakob steht. Wie Felix Frankfurter sieht auch Herschel Schtamm in Jakobs Radio eine Gefahr für die Ghettobewohner, aber dennoch unterscheidet sich er, der täglich mit Gott Zwiege-spräche führt, deutlich von Rosas Vater. Sein stiller Wider-stand besteht darin, dass er seine Schläfenlocken, die ein Zei-chen seiner Frömmigkeit sind, unter einer Mütze verbirgt. Sein Leben verliert er, als er Eingeschlossenen in einem Wag-gon Hoffnung machen will, indem er ihnen die Nachricht von den herannahenden Russen übermittelt und bei dieser Aktion erschossen wird. Sein Tod ist für Jakob der Anlass, über seine bisherige Rolle und seine Schuld nachzudenken. Am Ende dieser Selbsterforschung steht der Entschluss Jakobs, seine Lügen ab jetzt gezielt und gut vorbereitet einzusetzen.

Leonard Schmidt

Mit Leonard Schmidt, über dessen Le-benslauf der Erzähler viel zu berich-ten weiß (siehe S. 130 ff), wird ein assimilierter Jude gezeigt, **Der Weg der Überanpassung** der – einst kaisertreu und Offizier – eines Tages mit dem Eisernen Kreuz im Ghetto herumläuft, bis es ihm abgenommen wird. Er, der *„auf dem besten Wege (war), ein deutscher Nationalist zu werden"* (S. 131) und scherzhaft *Leonard Assimilinski* (S. 135) genannt wird, kann überhaupt nicht begreifen, was er im Ghetto verloren hat. Er ist, wie der Erzähler ironisch kommentiert, *„zu diesem Ghetto gekommen wie die Jungfrau zu ihrem Kind"* (S. 130) Hält Herrschel an den orthodoxen Ritualen fest und ist für ihn das Judentum gelebte Religion und Kultur zugleich, verbindet Leonard Schmidt mit dem Judentum eigentlich nichts mehr; es ist sein Pech, dass seine *„Eltern dumm genug waren, ihn beschneiden zu lassen"* (S. 132). Dass die Deutschen seine Anpassung gar nicht wollen, sondern auf seiner Ausgrenzung bestehen, kann er überhaupt nicht verstehen. Leonard Schmidt ist sowohl gegenüber Herschel Schtamm als auch gegenüber Jakob als Kontrastfigur konzipiert.

Die Geschwister Kirschbaum

Ein Leben in Würde

Eine weitere Facette jüdischen Lebens vor und während der Ghettozeit wird anhand der Schicksale von Professor Kirschbaum und seiner Schwester Elisa deutlich. Vor der Nazidiktatur gehörten sie zur gesellschaftlichen Oberschicht; als Professor an einer Krakauer Klinik und Herzspezialist hat Kirschbaum in aller Welt Vorträge gehalten, wer von ihm behandelt werden wollte, *„der musste schon allerhand anstellen."* (S. 83) Nie hat er sich als Jude begriffen, immer nur als Chirurg. Und nun findet er sich unter lauter Juden im Ghetto wieder, wo er immer noch seine dunkel gehaltenen Anzüge aus englischem Stoff trägt. Kirschbaum vergleicht die Juden untereinander, sucht nach Gemeinsamkeiten, findet aber keine, schon gar nicht zwischen sich und den anderen (vergl. ebd.). In Beziehung zu seinem Nachbarn Jakob tritt er durch Lina, die der einst berühmte Arzt behandelt und heilt – mit der Selbstverständlichkeit des Mediziners. Als eines Tages Meyer und Preuß, die zwei SS-Männer, in der Wohnung stehen und von ihm erwarten, dass er Hardtloff behandelt, wendet er sich Hilfe suchend an seine Schwester, die

> „ein Leben lang (...) unangenehme Situationen aus der Welt geschafft (hat), mit ihrer Kaltblütigkeit, mit ihrer Übersicht, mit ihrer unerbittlichen Denkschärfe (...)." (S. 205)

Die unangenehme Situation wird dadurch aus der Welt geschafft, dass Kischbaums Schwester ihm ein Röhrchen mit Tabletten zusteckt, mit denen er sich während der Fahrt zu Hardtloff vergiftet. Sie selbst wird, weil Hardtloff stirbt und ihr Bruder ihm nicht geholfen hat, deportiert. Jakob hat ihr vorgeschlagen, sich zu verstecken und sie mit Nachrichten zu versorgen, was sie jedoch abgelehnt hat. Die Handlungsweise der Geschwister Kirschbaum ähnelt der von Herschel Schtamm. Wie sie in der Zeit vor dem Ghetto gelebt haben, so leben sie auch jetzt, versuchen ihre Identität zu wahren. Mit der Würde, mit der sie gelebt haben, gehen sie auch in den Tod. Ihren Peinigern und Unterdrückern liefern sie sich nicht aus. Damit stehen sie wiederum im Kontrast zu Leonard Schmidt oder Herrn Frankfurter, deren Leben durch Überanpassung bestimmt ist oder von Ängsten völlig regiert wird.

Opfer und Täter

Auch wenn die Figuren nicht mit der gleichen Tiefenschärfe gezeichnet sind, so haben die jüdischen Ghettobewohner, die im Zen-

Vielfalt der Figuren

trum der Geschichte stehen, doch eigene Konturen. Sie haben unterschiedliche Charakterzüge, Lebenseinstellungen, Lebensweisen, Gewohnheiten, Wünsche und Träume. So klein die gezeigte Gruppe der Personen auch ist, die alle in mehr oder weniger enger Beziehung zu Jakob treten, so verdeutlichen diese Personen schon die Vielfältigkeit des (jüdischen) Lebens, das eben nur unter dem Diktat der Rassentheorie als einheitlich betrachtet wird und das durch den aufgenähten Stern als einheitlich erscheinen soll.

Wenig konturierte Täter

Die Gruppe der Täter bleibt insgesamt eher konturlos. Lediglich die SS-Männer Preuß und Meyer sind etwas deutlicher gezeichnet, der Lagerkommandant Hardtloff taucht als Figur nicht auf. Die Täter werden nicht dämonisiert, sondern entscheidend ist, dass sie ihr mörderisches Handwerk bedenkenlos betreiben und gleichzeitig auch kumpelig auftreten können, Verständnis zeigen oder Großzügigkeit an den Tag legen können. Rassistisches Gedankengut und förmliches Auftreten, wie etwa als Preuß und Meyer Professor Kirschbaum abholen, schließen sich ebenso wenig gegenseitig aus wie Brutalität in Kombination mit menschlichen Zügen, wie etwa bei dem Soldaten, der Kowalski schlägt, dann aber Zigaretten fallen lässt. Alle auftretenden Täterfiguren verbindet das Fehlen jeglicher moralischen Skrupel. Alle funktionieren – unabhängig davon, ob sie mit den Juden im Ghetto eher grob und aggressiv umgehen oder Züge von Freundlichkeit an den Tag legen. So sehr das Leben der Juden im Ghetto durch Regeln und Verordnungen bestimmt ist, so sehr sind sie der Willkür ihrer Peiniger ausgeliefert. Am Beispiel von Preuß macht der Erzähler deutlich, wie Tätern der Nazi-Zeit die Integration in die Nachkriegsgesellschaft gelingt (S. 213 ff.).

2.5 Sachliche und sprachliche Erläuterungen

Bereits im Vorwort ist darauf hingewiesen, dass der als Text-
grundlage gewählte Band der SuhrkampBasisbibliothek sowohl in den Randspalten des Textes als auch in einem geson-
derten Anhang ausführliche Wort- und Sacherklärungen
enthält, so dass ein eigener Abschnitt hierzu in diesem Erläuterungsband entfallen kann.

2.6 Stil und Sprache

Auffälligstes Stilmerkmal ist die Unaufgeregtheit, mit der hier ein Geschehen erzählt wird, das sich auf dem Hintergrund des II. Weltkrieges mit seinen Millionen von Toten abspielt und in dessen Kontext der Name Auschwitz zum Synonym für die Ermordung von über 6 Millionen Juden geworden ist. Da lasten keine Sätze wie Bleigewichte auf den Lesern, da wird eher mit Understatement erzählt, da fehlt jede Gespreiztheit des Tons, da schreitet die Sprache nicht auf dem Kothurn daher und kündet auch nicht von Feierlichem oder Ernstem. Ein Plauderton herrscht vor, der Abschweifungen ermöglicht, von denen besonders Jakob immer wieder Gebrauch macht. Diese Abschweifungen entdramatisieren selbst dramatische Vorgänge. Hinzu kommen Ironie und Gestaltungsmittel der Komik, ohne dass der Erzähler auf brüllendes Gelächter abzielt. Dabei wird der Schrecken nicht ausgespart, aber doch oft nahezu beiläufig präsentiert. Der Erzähler setzt das Wissen um den Terror in den Ghettos ebenso voraus wie Kenntnisse über das System der Konzentrationslager und die Verfolgung und Ermordung der europäischen Juden. Und so bleibt „(...) die direkte Klage fast immer ebenso ausgespart wie die direkte Anklage."[31]

Der Grundsituation des Erzählens, die zu Beginn des Romans simuliert wird, und dem Plauderton der Anekdoten entspricht die gehobene und differenzierte Umgangssprache, die den Zugang zum Erzählten nicht erschwert. Der Erzähler bedient sich oft bildhafter Redewendungen, streut gelegentlich jiddische Ausdrücke ein und neigt, auf der syntaktischen Ebene, zu Hypotaxen mit Einschüben und Unterbrechungen. Etlichen Abschnitten ist anzumerken, dass Jurek Becker zunächst ein

---

31 M. Reich-Ranicki, zitiert nach Heidelberger-Leonard (Materialien), S. 134

Drehbuch verfasst hat, denn einzelne Episoden sind wie Szenen gestaltet.

(Sprachliches) Mittel	Erklärung	Textbeleg
Komik	Gegensatz zwischen der ernsten Situation und ihrer Darstellung	Klosett-Szene (S. 104 ff.)
Bildhaftes Sprechen	Form uneigentlichen Sprechens	*man sitzt auf dem Trockenen* (S. 90)
Hyperbel	Übertreibung	*das ist keine Stromsperre mehr, das ist eine Naturkatastrophe* (S. 90)
Verdinglichung	Reduzierung eines Menschen auf eine Sache/ein Ding	*Als die Pfeife zur Suppe ruft* (S. 92)
Ironie	Diskrepanz zwischen Gesagtem und Gemeintem	*eine Katze (...), die unvorsichtig genug war, die Warntafeln am Draht zu missachten* (S. 24)

2.7 Interpretationsansätze

Der Roman im Kontext der
Biografie von Jurek Becker

Bereits an anderer Stelle dieses Bandes (siehe 1.3) ist darauf hingewiesen worden, dass Beckers Roman (auch) im Kontext seiner Biografie gelesen werden kann. *Jakob der Lügner* ist dann im Zusammenhang mit den beiden Romanen *Der Boxer* und *Bronsteins Kinder* als Annäherung Jurek Beckers an die eigene Geschichte und die Geschichte seiner Familie zu sehen. Becker hat sich selbst einmal mit Kasper Hauser verglichen und in diesem Zusammenhang betont, dass er die Ghettowirklichkeit, an die er keine Erinnerungen mehr hatte, möglichst genau kennen lernen wollte. Dies hat ihn dazu geführt, nach Polen zu fahren und sich intensiv vor Ort und in Archiven mit der Wirklichkeit des Ghettolebens auseinander zu setzen.[32] Diese Spurensuche betreibt auch der Erzähler des Romans, der das Ghetto aufsucht und von seinen Recherchen berichtet:

> „*Es sind ziemlich genau zwanzig Meter, ich habe die Strecke nachgemessen, genau neunzehn Meter und siebenundsechzig Zentimeter. Ich bin dort gewesen, das Haus steht noch, vollkommen unbeschädigt, nur den Postenturm gibt es nicht mehr. Aber ich habe mir exakt die Stelle zeigen lassen, mitten auf dem Damm der Kurländischen, dann bin ich den Weg abgeschritten (...).*" (S. 23)

Dieser betonten Genauigkeit im Detail steht das Erleben aus zweiter Hand gegenüber. Der Erzähler hat die Geschichte Jakobs nur als Randfigur erlebt, das meiste ist ihm erzählt worden (wie eben auch Becker über das Archivstudium oder gelegentliche Erzählungen des Vaters der eigenen Vergangenheit

---

32 vergl. hierzu J., S. 312 f.

auf die Spur zu kommen sucht, an eigenes Erleben aber keine Erinnerung mehr hat). Immer wieder betont der Erzähler, dass er nicht alles Erzählte erlebt hat und dass er eine Geschichte erzählt. Dieses Beharren des Erzählers auf der Fiktionalität des Präsentierten macht aber auch deutlich, dass es sich eben nicht um einen autobiografischen Roman handelt, sondern dass hier – wenn überhaupt – von einer **möglichen** Biografie gesprochen wird. Irene Heidelberger-Leonard schreibt zu diesem Aspekt des Romans *Jakob der Lügner*:

> *„Anhand von sorgfältigen Recherchen wird hier ein mögliches Leben rekonstruiert, so wie es sich für das Kind Jurek Becker hätte ereignen können. Jakob reflektiert nicht sein Judentum, sondern lebt es, genauer, versucht es zu überleben. Und weil es ihm aus allzu bekannten Gründen nicht gelingt, ist es sein Leidensgefährte, der Erzähler, der uns Jakobs Geschichte überbringt. Ob sie dann noch **Jakobs** Geschichte ist oder vielmehr die des Erzählers, ist **ein** Thema dieses Romans."* [33]

Jakobs Geschichte spielt nicht im zeitlosen Nirgendwo, sondern ist in einer Epoche angesiedelt, für die sich der Begriff Holocaust durchgesetzt hat.[34] Damit steht er im Kontext eines Diskurses, der immer wieder – mit unterschiedlicher Schärfe – in Deutschland geführt wird und die Thematik der Zeit des Nationalsozialismus und der Auseinandersetzung damit und die Erinnerung daran berührt. Die Veröffentli-

Der Roman im Kontext der Holocaust-Literatur

---

[33] zitiert nach Arnold , S. 22 (Hervorhebungen im Original)

[34] Der Begriff kommt aus der englischen Bibelsprache und bedeutet dort Vernichtung/Brandopfer. Durch eine amerikanische Fernsehserie der Achtzigerjahre mit dem Titel „Holocaust" ist der Begriff auch in Deutschland eingeführt worden und bezeichnet die Vernichtung der europäischen Juden durch das Nazi-Regime im Zuge der sog. „Endlösung". Weil mit dem Begriff der Opfergedanke verbunden ist, ist er nicht unproblematisch. In der hebräischen Sprache wird eher das Wort SHOA verwendet, das das Leiden des jüdischen Volkes in Vertreibung und Krieg bezeichnet.

chungen zu diesem Thema sind Legion, ihnen kann dieser Band nicht einmal im Ansatz gerecht werden.[35] Der Holocaust ist aber nicht nur Gegenstand politischer und historischer Debatten, sondern auch Thema der Literatur. Auch hier kann dieser Band der Literatur nicht gerecht werden. Hingewiesen werden soll zumindest aber auf die Werke *Nackt unter Wölfen* von Bruno Apitz, *Das Siebte Kreuz* von Anna Seghers und den Roman *Die Mütze oder Der Preis des Lebens* von Roman Frister. Die Romane von Apitz und Seghers sind vor Beckers Roman erschienen; sie galten der DDR-Literaturwissenschaft als meisterliche Werke der Darstellung von Verfolgung und Widerstand und literarische Legitimation des von der DDR beanspruchten (für sich reklamierten) antifaschistischen Fundaments der eigenen Existenz. Anna Seghers schildert die erfolgreiche Flucht aus einem KZ, wobei der Flüchtende immer wieder Helfer findet. Apitz, selbst Gefangener in Buchenwald, erzählt davon, wie sich der kommunistische Anführer des Widerstands im KZ dafür entscheidet, ein Kind vor der SS zu verstecken, obwohl er damit alle Häftlinge und den Widerstand gefährdet. Der Roman endet mit dem Aufstand der KZ-Häftlinge und ihrer Befreiung. Fristers Roman, stark autobiografisch geprägt, schildert mit schonungsloser Offenheit den Überlebenskampf in einem Konzentrationslager und die seelische Verrohung der Opfer, die „über Nacht das Verhalten des Dschungels" annehmen.[36]

Der Ghettoalltag als Tragikomödie Beckers Roman hebt sich deutlich von den Werken von Apitz' und Seghers' ab, denn er zeigt keine heroischen Widerständler, die sich erfolgreich gegen ihre Unterdrücker zur Wehr setzen, sondern

---

35 In Deutschland bestimmten in den letzten Jahren die sog. „Walser-Bubis-Debatte" und die Auseinandersetzung um die Thesen Daniel Goldhagens *(Hitlers willige Vollstrecker)* die öffentliche Diskussion.
36 Roman Frister, *Die Mütze oder Der Preis des Lebens*, Siedler Verlag, Originalausgabe, S. 477

einen Helden des Alltags, der voller Selbstzweifel und Angst ist und dessen Überlebensstrategie keine politische Leitlinie hat. Zwar bedauert der Erzähler Beckers ausdrücklich, dass es keinen Widerstand geben hat, er schwört sogar, auf jeden Fall mitgemacht zu haben, wenn jemand zum Kampf aufgerufen hätte. Ausdrücklich spricht er dem Widerstand im Ghetto von Warschau und im KZ Buchenwald seine ehrfurchtsvolle Bewunderung aus, aber er beharrt auf der Wiedergabe des historischen Rahmens (siehe hierzu S. 101 f.). Dem wünschenswerten Ende seiner Erzählung stellt er deshalb das nichtswürdige Ende gegenüber. Das Interesse des Erzählers, der um das Leiden und den Schrecken weiß und gerade deshalb mit (Selbst-) Ironie und Humor und aus wechselnden Perspektiven seine Geschichte erzählt und Pathos, Heroismus und jeglichen Betroffenheitsgestus meidet, liegt in der Darstellung der

> *„Normalität des Ghettoalltags mit all ihren Abgründen (...); es sind die menschlichen und unmenschlichen Handlungen, die dem Roman den Charakter einer Tragikomödie verleihen."*[37]

Jurek Beckers Roman erzählt eine Geschichte, die um einen Mann, nämlich Jakob, zentriert ist, der Geschichten erzählt, denn seine „Lügen" sind nichts anderes als Geschichten, die er, wie eine Medizin, verabreicht. Wie der Erzähler des Romans sich seiner Fantasie bedient, um Lücken zu schließen und Leerstellen auszufüllen, so bedient sich auch Jakob seiner Fantasie, um den Menschen Hoffnung zu geben. Jakobs Lügen, seine Fiktionen, verändern die Ghettowirklichkeit, greifen in das Leben der Menschen ein, indem sie dem umzäunten Raum des Wirklichen einen entgrenzten Raum

Möglichkeiten des Erzählens – die parabolische Ebene des Romans

des Möglichen gegenüber stellen. Dass am Ende die Illusionen

---

37   Kraft, zitiert in J., S. 325

an der harten Wirklichkeit zerschellen, die Hoffnungen nicht nur vernichtet werden, sondern am Ende aller Hoffnungen die Vernichtung (im Konzentrationslager) steht, spricht den Imaginationen und Fiktionen nicht ihre Bedeutung ab, sondern zeigt lediglich ihre Grenzen auf. So gesehen thematisiert der Roman

> „(...) die Macht der Literatur, die Macht des Erzählens – das Erzählen als Überlebensstrategie. (...) Hier wird nicht klug spekuliert über das Unsagbare – der Roman als Ganzes setzt die Macht des Erzählens in Szene."[38]

Somit wird der Roman auch zu einer Parabel über die Möglichkeiten und Grenzen des Erzählens überhaupt. Bei Lothar Wiese heißt es zu diesem Interpretationsansatz:

> „BECKER erzählt, so wie sein Erzähler und Jakob erzählen, und dementiert damit die These von der Ohnmacht der Literatur. Sie vermag, so die Deutung der parabolischen Ebene des Romans, aus der Gewalt der Fakten (für den Moment der Lektüre) und der Imagination zu befreien – zunächst allein im Bewusstsein des Lesers. Aber diese Imagination eines Besseren kann – auch über die Lektüre hinaus – verändernde Kraft gewinnen. Literatur kann ein wenig dazu beitragen, auf konkrete Gefahren aufmerksam zu machen. Literatur vermag zudem durch ihre Kunstmittel und Fantasie auf die Möglichkeit einer besseren Welt hinzuweisen."[39]

---

38 Heidelberger-Leonard, zitiert nach Arnold, S. 23
39 Wiese, S. 78

3. Themen und Aufgaben

Thema	Lösungshilfen
1) Die Erzählerfigur	
▶ Erarbeite die Bedeutung, die Bäume für den Erzähler haben!	Kapitel 2.3/2.4
▶ Analysiere die Ausführungen des Erzählers über den ausgebliebenen Widerstand (S. 101-102) im Zusammenhang mit der Äußerung des Erzählers „Ich habe schon tausendmal versucht, diese verfluchte Geschichte loszuwerden, immer vergebens." (S. 11)	Kapitel 2.7
▶ Analysiere die beiden Enden des Romans! Warum präsentiert der Erzähler diese beiden Enden?	Kapitel 2.3/2.7

Thema	Lösungshilfen
2) Jakob der Lügner/Jakob der Held	
▶ Trage aus Lexika und/oder durch Befragung von Mitschülern/Eltern Definitionen des Begriffs „Held" zusammen! Nimm einen Vergleich mit dem „Helden" Jakob vor! Welche Unterschiede und Übereinstimmungen ergeben sich?	Kapitel 2.4/2.7
▶ Der Begriff „Lügner" ist negativ besetzt. Wodurch wird Jakob der Lügner zur positiven Figur?	Kapitel 2.3/2.4

▶ Nehmen wir einmal an, Jakob hätte überlebt. Wie könnte er sich für seine Lügen rechtfertigen? Schreibe eine solche Rechtfertigung in Form eines Briefes an den Erzähler!

3) Der Roman im Kontext des Holocaust-Diskurses — Kapitel 2.7/5.

▶ Analysiere die Äußerungen von Preuß (siehe S. 212–217) im Kontext der Auseinandersetzung mit der nationalsozialistischen Vergangenheit! — Kapitel 1.2/1.3

▶ Analysiere anhand ausgewählter Abschnitte die Zeichnung der Tätergruppe! — Kapitel 2.4

▶ Marcel Reich-Ranicki hat einmal geschrieben, Beckers Roman beweise, „dass man auch vom Grauenvollsten leicht und unterhaltsam erzählen kann." Erörtere diese These! — Kapitel 2.7/5.

4. Rezeptionsgeschichte[40]

Am Beginn des Erfolges von *Jakob der Lügner* steht zunächst die Ablehnung des Drehbuchs durch die DEFA, bei der Jurek Becker als Drehbuchautor angestellt war. Ob Jurek Becker aus Trotz, wie Volker Hage meint, aus seinem Drehbuch einen Roman gemacht hat, mag dahin gestellt sein;[41] jedenfalls wurde der 1969 in der DDR erschienene Roman ein sensationeller Erfolg, der größte Romanerfolg für Jurek Becker überhaupt, wovon u.a. die mehr als zwanzig Übersetzungen zeugen. Dem Roman folgte fünf Jahre später doch noch die (erste) Verfilmung, die bei der Berlinale 1975 den „Silbernen Bären" gewann und für den „Oscar" als bester ausländischer Film nominiert wurde. Im damaligen Westdeutschland wurde der Roman durchweg positiv besprochen; vor allem Beckers Art der Darstellung, der Humor des Romans und der Charme der Hauptfigur wurden in verschiedenen Rezensionen positiv hervor gehoben. Beispielhaft kann hier **Rolf Michaelis** genannt werden, der in der *Frankfurter Allgemeinen Zeitung* über Beckers Roman schrieb, der Roman sei „wie ein blutiger Witz, wie eine Humoreske mit Trauerrand."[42] **Marcel Reich-Ranicki** sprach in der *Zeit* davon, dass der Roman ein düsteres Thema behandele, dies aber „leicht und amüsant" tue und ein Stück Literatur mit „Charme und Grazie und viel Humor" sei.[43] Kritik ist nicht unbedingt in den Feuilletons zu finden, sondern in der literaturwissenschaftlichen Auseinandersetzung mit Jurek Beckers Roman. So erheben **Sigrid Lüdke-Haertel** und **Martin Lüdke** besonders gegen die von vielen Rezensenten positiv hervor gehobene Art der Darstellung Einwände:

---

40 vergl. zu diesem Abschnitt J., S. 329–332
41 Hage, zitiert nach Heidelberger-Leonard (Materialien), S. 126
42 zitiert nach J., S. 330
43 Reich-Ranicki, zitiert nach Heidelberger-Leonard (Materialien), S. 133

> *„Gerade dort, wo dem Stoff ein Pathos innewohnt, das sich aus*
> *dem Stoff selbst begründet, wirkt diese Form der Darstellung,*
> *über die Distanzierung hinaus, als Denunziation: als spieleri-*
> *scher Umgang mit einer Wirklichkeit, die absolut nichts Spiele-*
> *risches hat."* [44]

In der DDR wurde der Roman durchaus ambivalent aufgenommen. Deutliche Kritik wurde an dem „Unheldischen" der
Hauptfigur geübt, an dem fehlenden „Klassenstandpunkt" und
der fehlenden politischen Perspektive des Romans. Jurek
Beckers Jakob entsprach eben nicht den klischeehaft angeleg-
ten Heldenfiguren, wie sie in der DDR-Literatur gefordert
bzw. gewünscht waren. Als symptomatisch kann die Stellungnahme von **Werner Neubert** im Zentralorgan der SED („Neues Deutschland") gelten. Neubert lobt zunächst das Erstlingswerk Beckers, nennt es „erstaunlich" und spricht von einer
„klug-sicheren Fabelführung" und einer „prägnant-schönen
Sprache", um dann zur Kritik der Hauptfigur zu sagen:

> *„Was für ein Lügner ist dieser Jakob? Jakob Heym ist objektiv*
> *ein tragikomischer Lügner, denn er meint, die Lebenshoffnung*
> *der Menschen sei zunächst allein schon mit erfundenen Schlach-*
> *ten, Ortsnamen, Vormarschtempi aufrechtzuerhalten. Solche*
> *Fakten mögen in kriegserfüllten Zeiten und Situationen für die*
> *gerecht Kämpfenden und Hoffenden gewiss unerhört wichtig*
> *sein, aber die mächtigste moralische Reserve ist doch letztlich*
> *das Vertrauen aus Klassenposition und politischem*
> *Bewusstsein. Dem einstigen Kleingewerbetreibenden Jakob*
> *Heym fehlt solches, aber gerade wegen dieser Tatsache hätte*
> *der Autor – ohne dabei an vordergründige Lehrhaftigkeit zu*
> *denken – seinem Buch sicherlich eine noch tiefere soziale, kriti-*
> *sche Dimension verleihen können. Der Ansatz hierzu ist mit*

---

44 zitiert nach KLG, S. 5

> *Kowalskis Tod durchaus gegeben, doch diese Kontur bleibt zu schwach.* " 45

Was hier kritisiert bzw. als Makel konstatiert wird, hat der Erzähler des Romans im Grunde in seinen einleitenden Bemerkungen bereits vorweggenommen, wenn er sagt:

> *„Ich habe schon tausendmal versucht, diese verfluchte Geschichte loszuwerden, immer vergebens. Entweder es waren nicht die richtigen Leute, denen ich sie erzählen wollte, oder ich habe irgendwelche Fehler gemacht."* (S. 11)

Für den Erzähler in der Erzählergegenwart gelten diese Äußerungen bezogen auf seine Lebenssituation im Westdeutschland der Nachkriegszeit, wo man an die NS-Zeit nicht mehr erinnert werden möchte. Für den Autor Jurek Becker gelten diese Worte insofern, als er sich dem verordneten Antifaschismus in seinem Roman verweigert. Er macht (aus der Sicht der DDR-Rezensenten) „Fehler" beim Erzählen, weil er die schriftstellerischen Fantasie gegenüber der Politik (der *Klassenposition* und dem *politischen Bewusstsein*, wie es bei Neubert heißt) den Vorzug gibt.

---

45 Werner Neubert, *Wahrheitserpichter Lügner*, Neues Deutschland v. 14. 4. 69 zitiert nach Wiese, S. 109 f.

5. Materialien

Irene Heidelberger-Leonard geht in ihrem Aufsatz *Schreiben im Schatten der Shoa/Überlegungen zu Jurek Beckers ‚Jakob der Lügner‘, ‚Der Boxer‘ und ‚Bronsteins Kinder‘* dem Zusammenhang zwischen Beckers Biografie und seinen Werken nach. Sie schreibt u. a.:

„Die Chronologie seiner Werke lässt eine geradezu mathematische Symmetrie erkennen: Fast alle seine Romane spielen in der DDR, wo Becker bis zu Biermanns Ausbürgerung gelebt hat; sie fallen in zwei voneinander streng geschiedene Themenkomplexe, die auf den ersten Blick nichts miteinander zu verbinden scheint; der erste, der dritte und fünfte Roman beschäftigen sich mit der Schwierigkeit, Jude zu sein, der zweite und vierte mit der Schwierigkeit, Sozialist zu sein. Hauptnenner seines gesamten Werks ist zweifelsohne Beckers Leben – Jude und Sozialist sind durch alle Werke hindurch auf der Suche nach einer Identität. So stellt jedes Werk eine mehr oder weniger fingierte Rekonstruktion seiner eigenen Biografie dar. Nur: An Bekenntnissen zum Sozialismus, wozu auch schon seine sehr frühe Kritik an den Fehlern des Sozialismus zu zählen ist, mangelt es bei Becker nicht. In Sachen Judentum tut er sich unendlich viel schwerer: Die ihm von der Außenwelt abgerungenen Bekenntnisse zu dieser Zugehörigkeit verkehren sich ihm – im Diskurs – eher zur Verleugnung seines Judentums. (...) Die Zugehörigkeit zu einer Gruppe von Menschen, die ‚die Juden‘ heißt, beruhe für ihn auf einer freiwilligen Entscheidung, sei letztlich ein intellektueller Entschluss. (...) Und wenn ihn jemand zum Juden ernenne, dann empfände er das wie eine Okkupation, schlimmer noch, wie eine Mahnung, eine Schuld begleichen zu müssen, die er nie auf sich genommen habe."[46]

---

46   zitiert nach Arnold (Hrsg.), S. 20 f.

Helmut Schmied geht in seinem Aufsatz *Das unterhaltsame Ghetto/Die Dimension des Raums in Jurek Beckers 'Jakob der Lügner'* der Frage nach, wie die Brutalität, die die historische Ghettowirklichkeit gekennzeichnet hat und eigentlich nicht mitteilbar ist, im Roman vermittelt wird. Er kommt zu dem Schluss, dass Becker die Komplexität der Situation der Ghetto-Bewohner durch eine spezifische Gestaltung der Räume vermittelt.

„Die Einkerkerung im Ghetto ist, wie schon gesagt, das erste und sichtbarste Zeichen für das Elend seiner Bewohner: In dem Verbot, die Grenzen zu überschreiten, zeigt sich geradezu schlaglichtartig, was den Juden angetan wird. Das ist aber nur die eine Seite. Zu den perversen Zügen des dortigen Alltags gehört es nämlich, dass das Ghetto zugleich so etwas wie eine Schutzfunktion besitzt: Solange man darin lebt, befindet man sich immerhin nicht auf dem direkten Weg ins Konzentrationslager. (...) Der Großraum Ghetto erscheint, so betrachtet, ausgesprochen ambivalent. Zum einen teilen sich in seiner Einrichtung und in den näheren Umständen des Lebens darin Jämmerlichkeit und Unterdrückung mit, und überdies erweist er sich im Lichte des Romanendes nur als Durchgangsstadium auf dem Weg in die Vernichtungslager. Zum anderen aber gewinnt ein solches Durchgangsstadium gerade angesichts des Endes eigene Qualitäten, man kann sich in diesem Raum wenigstens relativ frei bewegen und sogar persönlichen Neigungen nachgehen; es ist da etwa an Mischa und Rosa zu denken, die das Glück einer großen Liebe genießen."[47]

---

47   zitiert nach Arnold (Hrsg.), S. 32 f.

Lothar Wiese untersucht die Darstellung der Tätergruppe in Jurek Beckers Roman. Er weist darauf hin, dass wir über die Täter relativ wenig erfahren (sie sind auf ihre Funktion beschränkt), dass sie absolute Verfügungsgewalt über die Juden haben, dass ihre zeitweilig auftretende Freundlichkeit Zufälligkeitscharakter hat und dass sie alle ohne moralische Skrupel das Terror- und Mordsystem tragen. Anhand der Kirschbaum-Episode verdeutlicht Wiese, dass Becker mit den Figuren Preuß und Meyer verschiedene Tätertypen zeichnet:

*„Die SS-Leute werden mit wenigen Merkmalen, ein wenig klischeehaft, vorgestellt. Der Erzähler zielt offensichtlich nicht auf Individualisierung, sondern auf die Darstellung unterschiedlicher Täterprofile. (...) Preuß, vermutlich in einem höheren SS-Rang, wirkt kultivierter, blättert in Büchern, scheint Frau Kirschbaum zu respektieren und fordert Meyer zu zivilisiertem Verhalten auf. Der Erzähler stellt hier zwei Tätertypen vor, die in ihrer Ideologie übereinstimmen, sich im Verhalten unterscheiden: hier der aggressive Landsknechtstyp, dort der zivilisierte und gebildete Offizier. Meyer dürfte in einem anderen Verständnis mit seinem Wort **Affentheater** so Unrecht nicht haben, denn zivilisiertes Verhalten ähnelt einem Theater, wenn sich dahinter nur Vernichtungsbereitschaft verbirgt. Auch gebildete Menschen zeigen keine moralischen Hemmungen und reflektieren nicht die Legitimation ihres Tuns, begehen monströse Verbrechen, ohne sich dagegen aufzulehnen. (...) Alle diese Personen im Roman zeigen an keiner Stelle erkennbare moralische Bedenken. Diese Beobachtung entspricht den Ergebnissen der historischen Forschung.“*[48]

---

48 Wiese, S. 42 f.

Marcel Reich-Ranicki betrachtet den Roman im Kontext der Holocaust-Thematik und der Schwierigkeit, diese Thematik angemessen darzustellen.

„Kurz und gut: Von der Ermordung der Juden wird hier erzählt, vom Leben und Tod im Getto einer polnischen Kleinstadt in den Jahren des Zweiten Weltkriegs. Natürlich ist dieses Thema nach wie vor besonders riskant. Die wichtigsten der vielen Fallen, in die hier jeder Schriftsteller geraten kann, heißen einerseits Pathos, Larmoyanz und Sentimentalität und andererseits Verharmlosung und Verniedlichung. In dieser fatalen Situation wollen sich manche Autoren mit konsequenter Nüchternheit und Trockenheit behelfen. Das ist in der Tat kein schlechter Ausweg. Er hat nur einen Fehler: Er führt oft zur Dürre, zur Farblosigkeit und schließlich zur Langeweile. Und es lässt sich bekanntlich der Teufel nicht mit dem Beelzebub austreiben. Aber so gewiss das Unvorstellbare nicht darstellbar ist, so kann es die Literatur doch indirekt zeigen oder wenigstens andeuten. Den Autor Jurek Becker (...) braucht man über diese Schwierigkeiten nicht zu belehren. Er scheint sehr genau zu wissen, dass die ‚Endlösung‘ zu jenen extremen Themen gehört, denen gerade mit extremen künstlerischen Mitteln überhaupt nicht beizukommen ist und dass hier Bemühungen um formale oder sprachliche Originalität – zumal im Roman – gleich extravagant oder selbstherrlich wirken kann und peinlich sein muss. Wo angesichts eines Stoffes laute Töne und grelle Farben gänzlich versagen und wo Elegisches statt die Leser aufzurütteln sie eher ermüdet, da bleibt dem Schriftsteller nichts anderes übrig, als mit besonders leiser Stimme zu sprechen, konsequente Zurückhaltung zu üben und dem Understatement und der Ironie zu vertrauen. Bei einem so düsteren Thema lässt sich mit Düsterheit am wenigsten ausrichten, eher schon mit hellen und heiteren Kontrasteffekten, mit Witz und Komik. Das allerdings ist sehr schwierig und nahezu waghalsig. Aber Becker hat es geschafft.“[49]

---

49 zitiert nach Heidelberger-Leonard (Materialien), S. 133 f.

Literatur

Ausgabe

Becker, Jurek: *Jakob der Lügner*, Suhrkamp BasisBibliothek 15, Text und Kommentar. Frankfurt a. M.: Suhrkamp Verlag, 2000
(Nach dieser Ausgabe wird zitiert.)
Zu dem Band sind ein Audiobook und eine CD-Rom erhältlich.

Materialien

Heidelberger-Leonard, Irene (Hg.): *Jurek Becker.* suhrkamp taschenbuch 2116, Frankfurt a. M.: Suhrkamp Verlag, 1992
(Der Materialienband ist für die Beschäftigung mit dem Jakob-Roman sowie dem Gesamtwerk Beckers eine unerlässliche Hilfe. Er bietet verschiedene Originalbeiträge und Stellungnahmen Beckers zu seiner Biografie, seinem schriftstellerischen Werdegang und seinem Verständnis von Politik und Literatur; er enthält Rezensionen, literaturwissenschaftliche Beiträge sowie – im Anhang – eine ausführliche Bibliografie. Etliche Aufsätze, aus denen in diesem Erläuterungsband zitiert wird, die im Literaturverzeichnis aber nicht gesondert auftauchen, sind in den Materialien enthalten.)

Lernhilfen

Zierlinger, Ursula: *Jurek Becker, Jakob der Lügner*. Mentor Lektüre Durchblick Band 307, München: Mentor Verlag, 1999
(Der schmale Band bietet Grundinformationen in sehr geraffter, oft stichwortartiger Form.)

Sekundärliteratur

Arnold, Heinz Ludwig: *Text + Kritik/Zeitschrift für Literatur, Band 116: Jurek Becker,* Verlag edition text + kritik München *(Der Band enthält neben Originalbeiträgen Beckers Aufsätze zu verschiedenen Aspekten des Jakob-Romans sowie des erzählerischen Werks Beckers. Auch in diesem Band findet sich Aufsätze, auf die der Erläuterungsband zurückgegriffen hat, ohne dass sie im Literaturverzeichnis gesondert aufgeführt werden.)*

Lüdke-Haertel, Sigrid/Lüdke, Martin: *Jurek Becker.* In: Arnold, Heinz Ludwig (Hg.): Kritisches Lexikon zur deutschsprachigen Gegenwartsliteratur (KLG), 56. Nachlieferung (NLG), edition text und kritik, S. 1-15

Wiese, Lothar: *Jurek Becker, Jakob der Lügner.* Oldenbourg Interpretation Band 88, München: Oldenbourg Verlag, 1998 *(Der Band führt ausführlich in den Roman ein, behandelt Aufbau und Erzählperspektive, Figurenkonstellation sowie Symbol- und Motivgestaltung. Der Band enthält Vorschläge für eine Unterrichtsreihe sowie für Klausuren.)*

Cassette:

Jakob der Lügner, 1 MC 60 Minuten, **Sprecher: Jurek Becker**
Der HörVerlag ISBN 3-89584-427-6 CD
Jurek Becker liest aus seinem Roman *Jakob der Lügner*.

Verfilmung:

Jakob der Lügner. DDR/CZ 1974.
Drehbuch: Jurek Becker und Frank Beyer.
Regie: Frank Beyer.
Jakob the Liar – Jakob der Lügner. USA 1999.
Regie: Peter Kassovitz.
(Amerikanisches Remake des DEFA-Filmes von 1974.)